中国农产品市场分析报告 2019

CHINA AGRICULTURAL MARKET REPORT 2019

农业农村部市场与信息化司
农业农村部市场预警专家委员会　编

中国农业出版社
北　京

图书在版编目（CIP）数据

中国农产品市场分析报告．2019 / 农业农村部市场与信息化司，农业农村部市场预警专家委员会编．—北京：中国农业出版社，2020.4

ISBN 978-7-109-26651-3

Ⅰ.①中…　Ⅱ.①农…　②农…　Ⅲ.①农产品市场—研究报告—中国—2019　Ⅳ.①F323.7

中国版本图书馆 CIP 数据核字（2020）第 038853 号

中国农产品市场分析报告 2019

ZHONGGUO NONGCHANPIN SHICHANG FENXI BAOGAO 2019

中国农业出版社出版

地址：北京市朝阳区麦子店街 18 号楼

邮编：100125

责任编辑：郑　君

版式设计：王　晨　　责任校对：巴洪菊

印刷：中农印务有限公司

版次：2020 年 4 月第 1 版

印次：2020 年 4 月北京第 1 次印刷

发行：新华书店北京发行所

开本：787mm×1092mm　1/16

印张：9

字数：190 千字

定价：80.00 元

编者说明

2019年，国内外农业生产和市场风险挑战明显上升，受非洲猪瘟疫情、灾害性天气、草地贪夜蛾、中美经贸摩擦等诸多不利因素影响，部分品种特别是"菜篮子"产品阶段性供需平衡受到冲击，价格波动幅度相对较大，但由于供给总量充足、市场机制作用充分发挥、应对措施及时有力，我国农产品市场运行总体平稳，为经济持续健康发展和社会大局稳定提供了有力支撑。为系统总结2019年农产品市场特点，展望2020年市场形势，我们组织农产品市场分析预警团队，形成分品种分析报告，并汇编成册，供关注农产品市场运行的各方参考。

《中国农产品市场分析报告2019》共18篇，涵盖粮、棉、油、糖、蔬菜、水果、肉、蛋、奶、水产品、饲料等18个重要品种。报告回顾了2019年国内外供需、价格走势、成本收益、进出口等情况，预测了2020年市场形势，并针对市场运行中的主要问题提出了相关政策建议。本书编写过程中，中国农业科学院、农业农村部农村经济研究中心、农业农村部信息中心、中国农垦经济发展中心等单位给予了大力支持，在此表示衷心感谢！

需要说明的是，本书各品种报告有关观点和数据由署名专家负责。

《中国农产品市场分析报告2019》编写组

2020年3月

目 录

2019年小麦市场形势分析及2020年展望

农业农村部农村经济研究中心　孙　昊　曹　慧
农业农村部信息中心　孟　丽

2019年全年小麦市场价格总体呈现先减后增、整体下跌的走势。受气候条件较好等因素影响，2019年小麦产量、品质较上年大幅提高，小麦收购以政府市场并行收购为主，进度整体较上年加快。预计2020年上半年小麦市场价格将呈现出以稳为主的运行特征，价格上行空间不大。2019年小麦市场面临的问题主要有供给充裕导致价格偏低、供需结构存在矛盾、规模种植收益下滑等。为保持小麦市场平稳运行、保护农民种粮积极性，建议进一步完善最低收购价托市政策，发挥好托市收购稳预期、保收益的积极作用；细化优质专用小麦的品质标准，加强专用小麦产需有效对接；大力推动小麦食品深加工产业发展，以满足差异化消费需要拉动生产端产能调整；推动发展适度规模经营，发挥好家庭农场、专业大户、农民合作社等新型经营主体的示范引领作用。

一、2019年市场形势回顾

（一）总体呈现先减后增、整体下跌的V形走势

以6月为分界线，上半年小麦市场价格高位运行；至夏收新麦上市，6月普通小麦价格迅速回落至全年低点（优质小麦价格至8月回落至全年低点），此后随着收购力度不断加大，市场价格稳中有升。2019年12月普通小麦（三

等白小麦）月均价格每千克2.36元，相比1月平均价格下跌4.1%；优质小麦12月平均价格每千克2.48元（郑麦366），相比1月价格下跌5.3%。2019年1～12月，普通小麦市场平均价格为每千克2.36元，同比下跌4.3%；优质小麦市场平均价格为每千克2.52元，同比下跌6.8%（图1）。

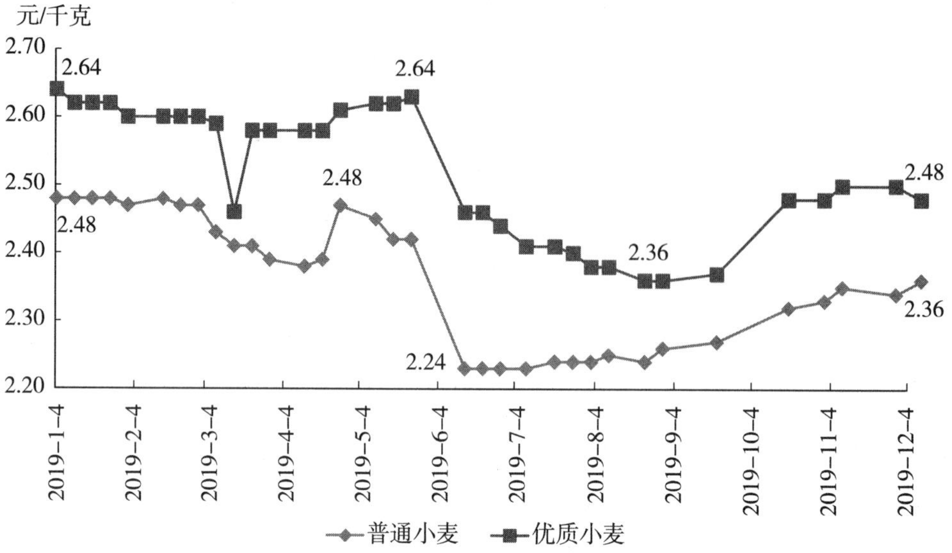

图1　2019年小麦国内市场月度价格走势

（二）全国小麦产量品质大幅提高

从产量角度来看，2019年小麦总产量13 359万吨，同比增长1.6%；播种面积3.56亿亩[①]，同比减少812万亩，下降2.2%；单产每亩375千克，同比增长4.0%。尽管小麦播种面积出现下降，但单产显著提升，推动总产量较2018年有所提高。华北主产区小麦的亩穗数、穗粒数、千粒重均较常年明显增加。其中，河北省小麦平均亩穗数41.61万个，比上年增加0.41万个；平均穗粒数31.6粒，比上年增加0.2粒；千粒重为37.6克，比上年增加0.26克。2019年小麦能够实现产量质量双提升的主要原因：一是气象条件较为有利。冬小麦在整个生长期间气候条件相对正常，主产区没有发生大面积、全局性的自然灾害，一、二类苗所占比例一直保持较高水平，要明显好于常年同

① 亩为非法定计量单位，1亩=1/15公顷。

期。二是科技支撑作用凸显。在气候条件适宜的情况下，主产区各地适应当地水土条件的小麦品种的增产潜力被发挥了出来。山东、河南等省多地，若农户灌溉及时跟上，2019年“浇过水”的小麦田每亩产量均可保证在500千克以上。一些高产小麦品种，如山农30、烟农1212，亩产可达到800千克以上。三是农业防灾减灾效果明显。4月中旬至5月上旬，主产区大部分麦区因降水偏多，与小麦抽穗扬花期吻合，赤霉病在江淮、黄淮南部安徽北部、江苏北部、山东西部等麦区大流行风险较高。当地农业部门高度重视，积极投入重大病虫害统防统治资金加强防控，主产区局部未发现大规模赤霉病、条锈病、纹枯病等病虫害现象，为小麦丰收奠定了好的基础。

（三）优普麦品质接近，价格差异小

近几年优质小麦普遍受到市场青睐，价格比普通小麦高出10%以上，各地推广优质小麦种植的步伐加快。由于天气适宜，2019年优质小麦产量有较大幅度增加，市场供给相对充裕；普通小麦品质大幅提升，甚至达到并超过优质小麦的部分指标。普麦优质化的格局，导致普通小麦很大程度上对优质小麦形成了替代，各地制粉企业使用优质小麦配粉的需要大幅下降。加之，优质小麦收购政策支持少，收购市场化程度高，因此优质小麦购销行情较为清淡，优普麦之间的价差降至近年来新低。2019年夏粮收购并没有出现优质小麦受追捧的现象，主产省份很多地区直接将优质小麦按照普麦价格进行收购。截至12月底，普优小麦价差降至90元/吨左右，比2018年同期的250元/吨，下降了60%左右。在普通小麦产量高、品质好的情况下，优质小麦失去了品质上的优势，也失去了市场价格优势。

二、2020年市场走势预测

2019年国内小麦购销市场以政府、市场并行收购为主要特点。在产量品质双提升、市场价格高开低走的背景下，2019年国家托市收购在主产区陆续启动，起到了稳定市场预期、保护农民种粮积极性的重要作用。2019年市场整体秩序良好，价格走势总体平稳，为2020年政策延续提供了信心。2020年

国家仍将坚持推进小麦价格市场化改革，发挥市场机制在小麦产需配置中的决定性作用，促进农业发展由满足量的需求向满足质的需求转变，推动实现农业的高质量发展。由于市场供应整体宽松，预计 2020 年上半年，国内小麦价格上涨空间有限。其一，2019 年小麦产量高、质量好，国家最低收购价小麦剩余库存数量较高，这为市场平稳运行奠定坚实基础。截至 2019 年 11 月，国家最低收购价小麦（不含 2019 年产）剩余库存数量 7 109 万吨，加上 2019 年夏收期间的托市收购量明显高于 2018 年同期，库存十分充足。其二，最低收购价小麦拍卖价格成为新麦市场价格上限，为新麦价格上涨提供了“天花板”。现货市场小麦价格上涨将推动托市拍卖成交率的进一步回升，随着新陈麦价的接轨，往年品质较好的国储小麦陆续入市，最低收购价小麦拍卖价格将逐渐被市场接受，成为后期小麦市场价格坐标，制约新麦价格走强。其三，贸易商为规避市场风险，售粮积极性将会提高，流通粮源供应增多。贸易商担心政策性小麦拍卖底价出现下调，对小麦市场价格产生较大压力，因此出货意愿增强。其四，制粉企业对小麦采购将以销定购为主，做多小麦库存意愿不强，下游市场需求整体不旺，对价格拉升作用有限。此外，中美贸易磋商或有新进展，若后期中美贸易谈判达成协议，将有更多的进口小麦（主要是专用小麦）供应国内市场，对国内优质小麦价格形成压力。

三、值得关注的问题

（一）供给充裕导致价格走低

夏收基本结束，新麦大量上市，国内小麦市场价格明显下降。由于 2019 年最低收购价格下调，以及新麦产量与质量均较上一年明显提升，市场上优质粮源供给充足等因素影响，新麦开秤价较往年偏低，主产区平均价格多在托市价格每千克 2.24 元左右徘徊。6 月，郑州粮食批发市场普通小麦价格每千克 2.24 元，环比下跌 8.6%，同比下跌 6.2%；优质麦每千克 2.46 元，环比下跌 6.4%，同比下跌 4.9%。开秤价偏低，新麦质量较好，市场优质粮源较多，主产区各地开秤价较为接近，价差较小导致贸易商屯粮积极性不高，托市收购的压力较大。

（二）供需结构性矛盾仍存

国内小麦市场供应总量充足，但供需结构存在不平衡、不匹配的特征。主要表现在满足馒头、面条加工制作需要的普通小麦供应充裕，满足面包、饼干、糕点加工制作需要优质专用小麦供应不足，品质一般的三等小麦供应多，质量好的一、二等小麦供应少。在居民食物消费升级背景下，“普通小麦产大于需，优质小麦产不足需”的结构性矛盾仍然明显。随着供给侧结构性改革不断深入，主产区各省在条件适宜的地区大力推动强筋、弱筋小麦种植。据估计，2019年强筋小麦产量将较上年提高300万吨左右，将有力缓解我国企业对进口强筋小麦的依赖。优质专用小麦产量大幅攀升，但拉低了优质专用小麦的市场平均价格，所生产的专用小麦能否实际满足企业需要品质仍然存疑。目前，强筋、弱筋专用小麦标准较为笼统，即便同为强筋小麦，不同品种间面团稳定时间、面团延展程度、蛋白质含量也是存在显著差别，不能说只要是专用强筋小麦就一定满足企业专用加工需要。在专用小麦供需市场上，也存在着“过剩—短缺”并存的结构性矛盾，优质专用小麦不能有效满足市场需要是优麦平均价格下跌的一个原因。

（三）成本收益率不理想，规模大户种植意愿下降

虽然小麦丰收，但受土地流转成本高、小麦销售价格低的影响，部分地区种植大户缺乏继续规模化种植小麦的意愿。江苏产业信息员调查结果显示，2019年小麦生产亩均总成本为864.48元，其中现金成本528元，较上年增长9.5%。小麦平均出售价格为每千克2.092元，比上年下跌0.3%。在不考虑地租和雇工成本的情况下，亩现金收益为332.80元，较上年增长55.4%。在考虑地租和雇工成本的情况下，每亩小麦纯收益为−3.88元，每亩成本纯收益率为−0.45%。土地与雇工成本高、销售价格低、规模经营收益差，打击了很多种植大户的经营积极性。江苏省的15位农户信息员中，有1位已经退耕，4位的播种面积有不同程度的减少，只有2位的播种面积略有增加。15位农户信息员中，有6位表示其周围的农户2019年冬小麦种植面积小幅度减少；有

4 位认为是大幅度减少；5 位则表示和 2018 年差不多。山东也有类似的情况出现，据潍坊高密市种植大户王某反映，大户弃租现象明显，预计 2019 年冬小麦种植面积将略有减少。她本人弃租 1 500 亩，另外还有 3 个大户弃租，一个退租 9 000 亩，两个退租 1 000 多亩。退租的原因主要是土地成本高，小麦价格低，收益较差，规模经营不划算。

四、有关政策建议

（一）完善最低收购价托市政策，发挥好托市收购稳预期、保收益的积极作用

由于小麦品质好、数量多，农户售粮时因品质未达标遭遇拒收可能性小，尽管托市价格较往年低，但成交数量大，以量销售实现薄利多销，农民售粮增加的收入未见得会比往年少。2019 年托市收购有力保障农民种粮收益，有力保护了农民种粮积极性，稳定市场主体政策预期，优化现有小麦库存结构。建议国家进一步完善最低收购价托市政策，发挥好托市收购稳预期、保收益的积极作用。

（二）细化优质专用小麦的品质标准，加强专用小麦产需有效对接

进一步完善细化专用小麦标准体系，鼓励引导面粉协会等行业组织，根据企业需要自行制定相关行业标准，以满足企业对不同品种的专用小麦，在面团稳定时间、面团延展程度、湿度、蛋白质含量等性状特征上的差异化需要。加强产业组织与行业协会自我规范管理的水平，打通上下游主体之间的自发联系，发挥下游加工企业订单在小麦种植结构调整中的积极作用。

（三）大力发展小麦食品深加工产业，以满足差异化消费需要拉动生产端产能调整

目前小麦产业链下游企业仍多以传统面粉生产加工为主，产品同质化导致

市场竞争激烈、拉低产品价格、对上游小麦生产者缺乏带动力。为抢占市场份额，五得利、金沙河等大型面粉加工企业急速扩大产能，加剧了面粉行业产能过剩与市场供过于求。未来国家应大力鼓励能够满足消费者个性化、多样化、差异化需要的小麦深加工企业发展，大力发展各类糕点、饼干、膨化食品、特色速食食品企业，带动小麦全产业链整合，促进上游农户进行专用化、规模化的小麦种植。

（四）推动发展适度规模经营，发挥好家庭农场、专业大户、农民合作社等新型经营主体的示范引领作用

进一步完善农业保险政策体系，扩大农业保险的实施范围，加大农业保险的实施力度，增强生产抵御风险能力，充分维护好农民特别是专业生产大户的种粮积极性。推动服务性规模经营模式发展，妥善解决土地流转费用高的问题，降低规模经营户的土地租金成本。积极引导农企对接，充分发挥市场价格对生产的反馈引导作用，以优质优价提高规模种植户的标准化、品牌化、市场化水平，促进改善小麦规模经营效益，带动小麦生产端高质量发展。

2019 年玉米市场形势分析及 2020 年展望

农业农村部农村经济研究中心
习银生　杨　丽　吴天龙　高　鸣

一、2019 年市场形势回顾

（一）国内玉米市场

1. 玉米产量小幅增长

2019 年，由于一季度玉米价格持续疲软，农户种植效益偏低，同时我国继续深化农业供给侧结构性改革，进一步扩大休耕轮作试点面积，实施大豆振兴计划，生产者补贴继续向大豆倾斜，农民玉米生产积极性受到影响，部分农户改种大豆，玉米播种面积继续调减。其中，黑龙江面积调减较多，其他主产区也普遍有所减少。据国家统计局数据，2019 年全国玉米播种面积 6.19 亿亩，比上年减少 1 269 万亩，减少 2.0%。从气候条件来看，除华北及黄淮海等部分产区出现干旱，西南地区出现草地贪夜蛾虫害，台风利奇马造成黑龙江等部分地区持续低温寡照阴雨，单产下降以外，玉米主产区大部分光热条件适宜，降水较为充沛，有利于玉米生长发育，玉米长势大多好于上年，单产提高。特别是吉林、辽宁气候条件适宜，单产水平在上年因灾减产的基础上明显增长。2019 年，全国玉米平均单产 421 千克/亩，比上年增加 14.1 千克，增长 3.5%。全国玉米产量 2.61 亿吨，比上年增加 360 万吨，增长 1.4%。2000 年以来我国玉米生产变动情况见图 1。

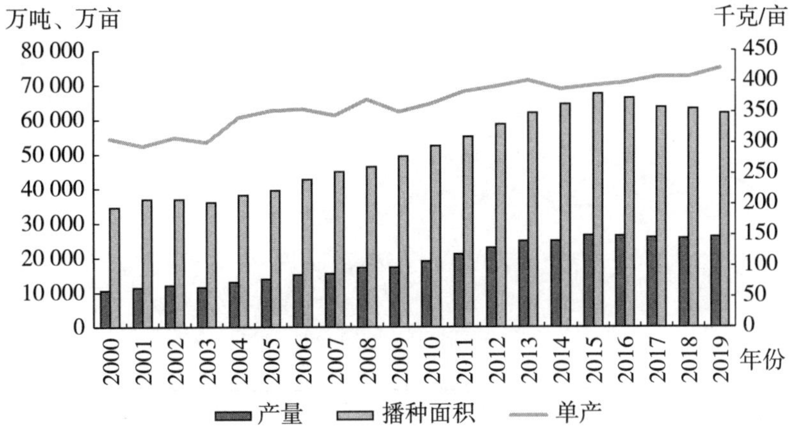

图1　2000年以来我国玉米生产变动情况

资料来源：国家统计局。

2. 国内价格重心略有抬升

由于存在产需缺口，市场对玉米中长期走势看涨，加上临储拍卖价格提高的支撑作用，2019年，国内玉米价格重心继续有所抬升，总体价格水平略高于上年。

(1) **批发价格季节性波动特征明显。**1～3月，受2018年新产玉米集中上市，市场供应压力加大等影响，玉米价格持续下跌。4～8月，市场玉米供应量逐渐减少，同时临储玉米拍卖底价明显提高，拍卖成交率持续走低，对市场价格形成支撑，国内玉米价格稳中有涨。2019年国家临储玉米拍卖累计投放8 059.17万吨，累计成交2 191.03万吨，同比减少7 800多万吨，成交率27.19%，同比下降18.4个百分点。且企业参拍积极性不断下降，成交率逐步走低，由开拍时的90.7%下降到最后一拍的3.1%。9月以后，随着2019年新产玉米逐渐开始上市，市场供应量逐步增加，且市场普遍看空后市，企业入市心态谨慎，国内玉米价格逐步回落。1～12月，产区平均批发价格各月环比上涨幅分别为－1.0%、－1.2%、－2.0%、0.5%、2.9%、2.4%、0.2%、0.9%、－0.9%、－3.1%、－0.2%、－1.3%，销区平均批发价格环比上涨幅分别为－1.4%、－1.9%、－2.5%、0.5%、4.1%、0.4%、－1.5%、0.9%、－0.5%、－1.3%、1.4%、－0.4%。产区和销区全年平均批发价格分别为1 870元/吨、2 004元/吨，同比分别上涨3.5%、1.8%。2012年以来国内玉米产销区平均批发价格走势见图2。

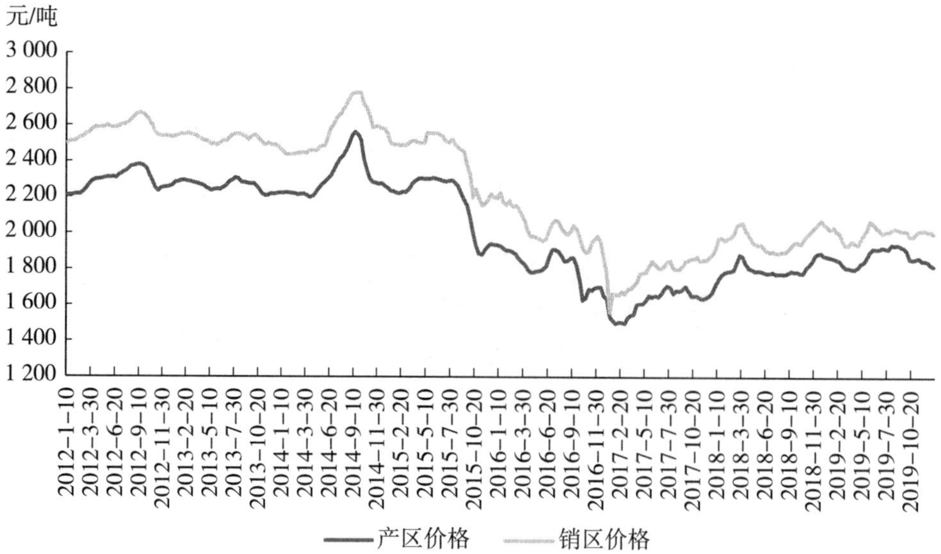

图 2　2012 年以来国内玉米产销区平均批发价格走势

资料来源：根据中华粮网、中国玉米市场网、国家粮油信息中心等数据整理。

（2）**新玉米价格高开弱走。**9 月中下旬以来，2019 年新产玉米逐步上市，开秤价与 2018 年同期相比略有提高，深加工企业开秤挂牌收购价同比总体高开 50～100 元/吨不等。开秤后，在上市量逐步增加、需求消费低迷的情况下，价格呈总体震荡偏弱走势，同时，由于 2019 年玉米收获和上市偏晚 1 周左右，加上市场预期看跌，企业收购心态谨慎，新玉米收购进度较往年偏慢。据国家粮食和物资储备局数据，截至 2019 年 12 月 31 日，黑龙江、山东等 11 个主产区累计收购玉米 4 204 万吨，同比减少 117 万吨。另外，农户因种植成本挺价惜售，同时雨雪天气、严查超载、环保限制燃煤烘干塔运行等因素影响玉米购销，加上企业库存偏低，新玉米价格并未出现快速大幅下跌。不过，由于 2018 年新玉米上市后价格高开高走，2019 年年底价格已低于上年同期水平。12 月底，吉林深加工企业挂牌收购主流价为每千克 1.70～1.76 元，比开秤价下跌 0～0.02 元，同比下跌 0～0.06 元；黑龙江为 1.60～1.66 元，比开秤价下跌 0～0.06 元，同比下跌 0.04～0.08 元；山东为 1.98～2.02 元，比开秤价下跌 0.06～0.10 元，同比下跌 0～0.10 元。同时，由于入市心态谨慎，企业库存水平明显偏低。11 月下旬，东北深加工企业玉米库存可用 1 个月，上年同期为 2～3 个月；华北深加工企业库存可用

10天左右，上年同期为15～20天。华南地区规模以上饲料和养殖企业玉米库存可用10～20天，上年同期为1～2个月。

（3）**期货价格震荡运行**。2019年，国内玉米期货价格与现货价格走势基本一致，呈震荡运行态势，总体平均价格水平略高于上年。大连商品交易所玉米期货全年最低价格出现在2月下旬，近月合约收盘价为1 724元/吨，最高价格出现在5月下旬，为1 983元/吨。到12月底，近月合约收盘价为1 816元/吨，同比下跌1.3%。全年均价略高于上年，近月合约收盘价平均为1 850元/吨，同比上涨2.0%。2004年以来大连商品交易所玉米期货近月合约价格走势见图3。

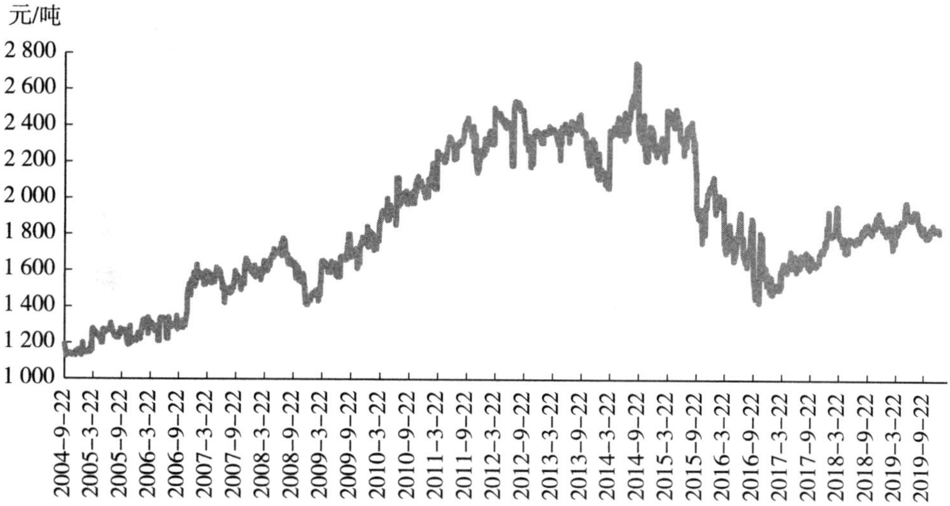

图3　2004年以来大连商品交易所玉米期货近月合约价格走势

3. 国内消费总量下降

2019年，受非洲猪瘟疫情影响，国内玉米饲用消费明显下降，深加工业开工率下降，玉米工业消费小幅增长，国内玉米总消费自2016年收储制度改革以来首次下降。从饲料消费来看，2019年，非洲猪瘟疫情导致生猪养殖大幅下降，禽类、牛羊、水产等其他养殖业虽保持增长，但仍难以弥补非洲猪瘟疫情对生猪生产和玉米饲用消费的影响。据国家统计局数据，2019年，全国猪牛羊禽肉产量7 649万吨，比上年减少10.2%。其中，猪肉产量4 255万吨，减少21.3%；牛肉产量667万吨，增长3.6%；羊肉产量488万吨，增长2.6%；禽肉产量2 239万吨，增长12.3%；禽蛋产量3 309万吨，增长

5.8%；牛奶产量 3 201 万吨，增长 4.1%。2019 年末，生猪存栏 31 041 万头，同比减少 27.5%。预计全年生猪养殖减少玉米饲用消费 2 000 万吨以上，其他养殖增长以及高粱、大麦等替代品进口减少，使得玉米饲用消费增加约 1 000 万吨，玉米饲用消费总量减少 1 000 万吨以上。从深加工看，2019 年，国内玉米深加工业受产能继续扩张，原料成本上升、宏观经济形势导致下游需求不旺等因素影响，行业开工率下降，玉米深加工消费增速放缓。据国家粮油信息中心数据，2019 年，国内玉米淀粉行业和酒精行业平均开工率分别为 69.0%、62.1%，同比分别下降 4.4、0.2 个百分点。分行业看，酒精、赖氨酸、味精等行业玉米用量增加，淀粉、柠檬酸行业玉米用量减少。预计全年玉米深加工消费约 7 900 万吨，比上年增加约 400 万吨，增长 5.3%，增速较上年继续趋缓。综合看，预计全年国内玉米消费总量比上年减少 500 万吨以上。2016 年以来全国玉米淀粉加工和酒精加工行业开工率变化见图 4。

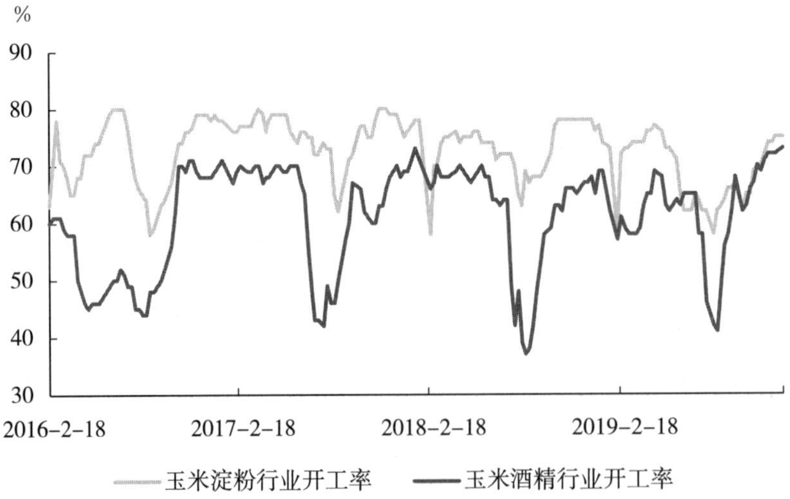

图 4　2016 年以来全国玉米淀粉加工和酒精加工行业开工率变化

资料来源：根据国家粮油信息中心数据整理。

4. 国内外玉米价差扩大

自 2018 年 7 月 6 日起我国对进口美国玉米加征 25%的关税以来，美国墨西哥湾玉米到达我国港口的到港税后价持续高于国内玉米到港价。2019 年，由于国际玉米价格上涨，国内价格相对平稳，国内外玉米价差明显扩大。1～

12月，进口配额内1%关税（加征25%关税）的美国玉米运抵我国南方港口的到岸税后价平均为2 223元/吨，同比上涨356元/吨；国内玉米到港价平均为1 957元/吨，同比上涨38元/吨；国外玉米比国内玉米价格平均高266元/吨，价差比上年扩大318元/吨。12月，进口配额内1%关税（加征25%关税）的美国玉米运抵我国南方港口的到岸税后价平均为2 269元/吨，同期国内玉米到港价为1 968元/吨，美国玉米比国内玉米高301元/吨。2018年以来国内外玉米价格比较见图5。

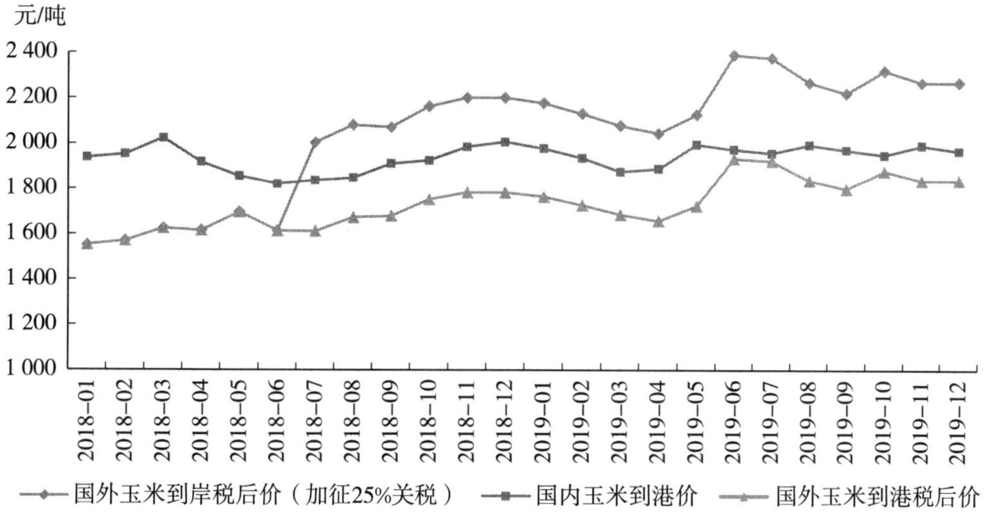

图5 2018年以来国内外玉米价格比较

资料来源：根据中华粮网、中国玉米市场网等数据整理。

5. 玉米进口增加替代品进口减少

2019年，国际玉米价格仍然具有比较明显的价格优势，我国玉米进口量继续明显增加。全年我国玉米累计进口量479.06万吨，同比增长36.1%；累计出口量2.49万吨，同比增长1.21倍；累计净进口476.56万吨，同比增长35.8%。我国玉米进口主要来自乌克兰（占我国进口玉米总量的86.4%）、美国（占6.6%）、老挝（占3.0%）、缅甸（占2.4%）、俄罗斯（占1.5%）、保加利亚（占0.1%）。玉米主要出口到朝鲜（占我国玉米出口总量的92.0%）、加拿大（占4.4%）、俄罗斯（占2.2%）、老挝（占0.8%）韩国（占0.6%）。与此同时，由于我国对原产于美国的进口高粱等产品加征25%关税、对原产于澳大利亚的进口大麦进行反倾销立案调查等，玉米替代品进口继续明显下降。2019 年，我国累计进口高粱、大麦、木薯、干酒糟及其可溶物（DDGS）分别为 83.21 万吨、592.88 万吨、274.21 万吨、14.06 万吨，同比分别减少 77.2%、13.0%、42.20%、4.9%。4 种替代品进口总量为 964.36 万吨，同比减少 37.2%。2008 年以来我国玉米及替代品进口量见图 6。

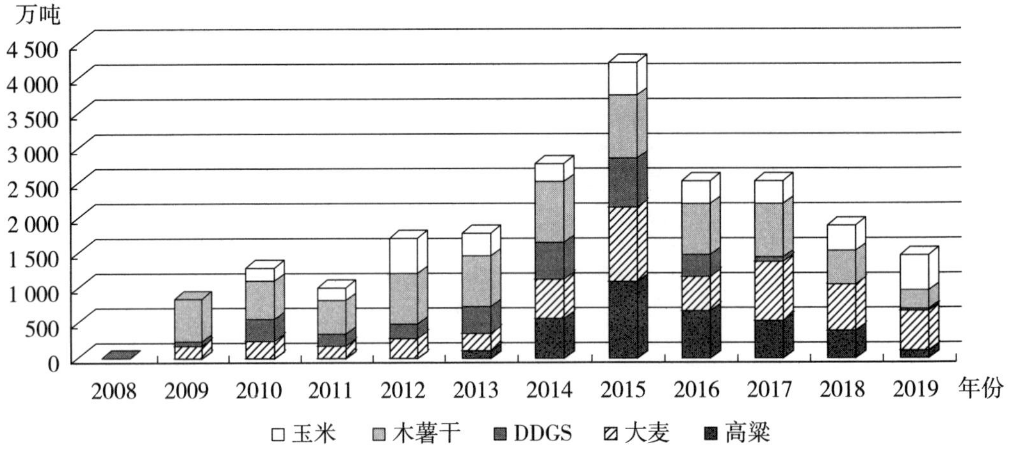

图 6　2008 年以来我国玉米及替代品进口量

资料来源：根据海关数据整理。

（二）国际玉米市场

1. 国际价格低位反弹

2019 年，国际玉米价格呈现震荡运行的特点，但总体价位比上年有所提高。1～4 月，受中美经贸摩擦影响，美国大豆播种面积预期下降，玉米播种面积预期增加，国际玉米价格震荡下跌。5～6 月，由于持续降雨，美国玉米播种严重滞后，预期产量下降，国际玉米价格大幅反弹。7～9 月，由于美国玉米播种面积和预期产量均有所上调，国际价格逐步震荡回落。10 月以后，由于成熟期偏晚，加上天气原因美国玉米收获期严重滞后，国际玉米价格有所反弹。1～12 月，美国墨西哥湾 2 级黄玉米平均离岸价为 175.40 美元/吨，同比上涨 5.5%，芝加哥期货交易所（CBOT）玉米主力合约收盘月均价每吨 152.33 美元，同比上涨 3.6%。分月看，1～12 月，离岸价各月环比上涨幅度分别为 0.3%、0.5%、−1.0%、−3.3%、2.7%、15.4%、−2.1%、

－10.6％、－4.5％、5.7％、0.2％、0.5％；期货价格各月环比上涨幅度分别为－0.7％、－0.9％、－1.0％、－2.9％、4.9％、15.7％、0.2％、－11.9％、－5.5％、6.6％、－3.2％、1.6％。12月，美国墨西哥湾2级黄玉米平均离岸价每吨175.07美元，同比上涨1.6％；芝加哥期货交易所（CBOT）玉米主力合约收盘月均价每吨150.74美元，同比上涨0.4％。2018年以来国际玉米价格走势见图7。

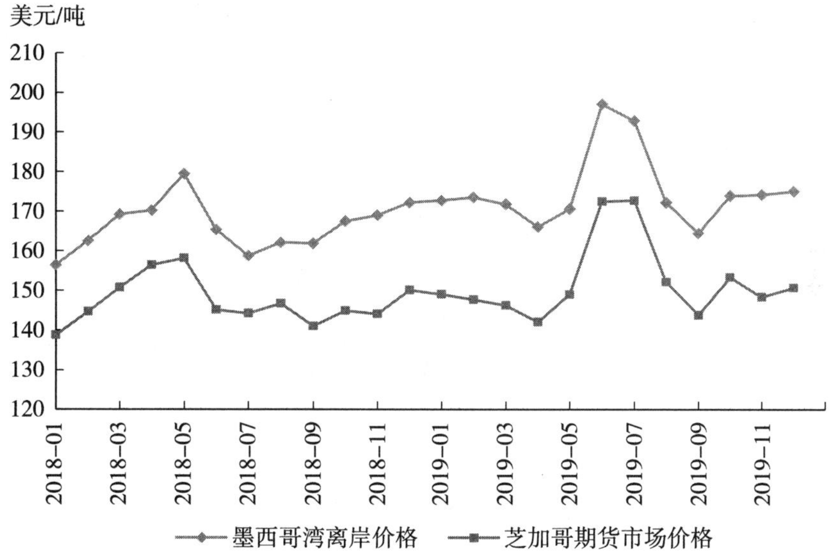

图7　国际玉米价格走势

资料来源：根据中华粮网、中国玉米市场网等数据整理。

2. 国际玉米供大于求形势有所改善

2019年，由于中国玉米面积继续调减，加上美国玉米播种季节降雨明显偏多，播种延迟比较明显，实际播种面积低于预期，全球玉米面积呈稳中略减的态势。气候方面，由于美国玉米带气候不佳，播种及生长期持续延迟，玉米单产受明显影响，南美洲和乌克兰在2018年获得创纪录的大丰收后，2019年单产水平都将有所回落，全球玉米单产将在2018年创历史新高的基础上有所下降，总产也有所降低。消费方面，受非洲猪瘟疫情等因素影响，全球养殖业发展放缓，玉米饲用消费有所下降，但玉米总消费量仍高于当年产量，全球玉米库存水平继续减少，供大于求的总体形势有所改善。据美国农业部12月供需报告预测，2019/2020年度全球玉米产量11.09亿吨，同比减少

1.4%；总消费量 11.27 亿吨，同比减少 1.7%；贸易量 1.67 亿吨，同比减少 7.6%。预计全球玉米期末库存 3.01 亿吨，同比减少 5.8%；库存消费比 26.7%，比上年度下降 1.2 个百分点，但仍处于较高水平，玉米供求形势仍然较为宽松。

表 1　2017/2018—2019/2020 年度全球及美国玉米供需平衡预测

单位：百万吨

地区	年度	期初库存	产量	进口	消费	饲料消费	出口	期末库存
全球	2017/2018	351.78	1 079.91	149.93	1 090.40	672.31	148.19	341.29
	2018/2019	341.29	1 124.49	162.83	1 146.60	704.89	180.40	319.17
	2019/2020	319.17	1 108.62	167.56	1 127.23	696.32	166.64	300.56
美国	2017/2018	58.25	371.10	0.92	313.98	134.73	61.92	54.37
	2018/2019	54.37	366.29	0.71	315.20	142.70	52.46	53.71
	2019/2020	53.71	347.01	1.27	306.47	133.99	46.99	48.53

数据来源：美国农业部网站 2019 年 12 月全球农产品供需报告。

二、2020 年市场走势预测

（一）玉米面积可能恢复性增加，但不确定性较大

由于玉米供求关系趋紧，产需缺口较大，市场看好中长期国内玉米走势，预计 2019 年新产玉米平均销售价格将高于上年，玉米种植收益有所提高，有利于提高农户玉米种植意向，但不确定性较大，农户玉米种植意向主要取决于春节后至播种前的价格行情。另外，东北产区玉米与大豆生产者补贴标准的差异，以及粮豆轮作等政策对农户种植意向的选择也会产生重要影响。

（二）国内玉米价格总体有望上涨，但幅度有限

预计 2020 年国内玉米价格将延续上涨态势，价格重心将继续有所抬升，平均价格高于上年，但涨幅不大。支撑价格上涨的主要原因：一是成本支撑。2019 年各主产区玉米生产成本大多稳中有升，租地成本上涨较为明显。二是

玉米供求关系趋紧。国内玉米生产连年调减，2019 年虽然消费需求减少，但产需缺口依然较大，同时国家临储玉米余量已不多，国内玉米供求关系逐步趋紧。三是企业库存明显偏低，渠道库存少，结转到 2020 年的玉米库存比上年大幅减少，有利于对价格走势起到支撑作用。抑制价格上涨的主要原因：一是受非洲猪瘟疫情影响，玉米饲用消费需求短期难以明显恢复。二是中美就第一阶段经贸谈判签署协议，市场预期我国自美国进口的玉米及高粱、DDGS 等替代品数量将显著增加，将对国内市场价格形成抑制。

（三）玉米消费有望恢复性增长，但增速较小

深加工方面，当前玉米深加工行业经营困难，行业竞争加剧，将对来年行业发展造成一定影响，预计企业开工率仍可能有所下降，但随着新上马项目陆续投产，产能进一步释放，预计 2020 年玉米工业消费仍将保持增长态势，但增速可能继续趋缓。饲料消费方面，猪价已创历史新高，国家促进生猪生产发展的政策效应正逐步显现，预计生猪生产增长拐点将比预期提前，同时，居民对猪肉产品有刚性需求，加上禽类、牛羊及其他养殖业继续保持增长，预计 2019 年玉米饲用消费量有望出现恢复性增长，但由于非洲猪瘟疫情影响短期内可能难以消退，加上生猪生产周期较长，预计玉米饲用消费增速将较小。玉米种用消费和食用消费基本稳定，预计 2020 年国内玉米消费将恢复增长，但增幅有限。

（四）玉米进口可能继续增加，替代品进口将出现分化

目前我国对美国玉米加征 25%的关税，按加征后的关税美国玉米难以进入国内市场，但其他国家特别是乌克兰玉米价格优势明显，同时国内玉米产需缺口较大，这使得国内对进口玉米有较为旺盛的需求。同时，中美已就第一阶段经贸谈判签署协议，预计 2020 年我国玉米进口将进一步增加，但仍在配额范围内，进口数量有限且可控。预计玉米出口继续保持低水平，主要以出口朝鲜为主。替代品进口方面，预计自美国进口的高粱、DDGS 和乙醇数量将出现明显增长。由于我国对澳大利亚大麦进行双反调查，预计 2020 年大麦进口量将保持较低水平。由于东南亚国家木薯种植面积减少，预计我国

木薯进口数量可能进一步减少。总体看，预计我国自美国进口的玉米及高粱、DDGS 等替代品数量将明显增加，而自澳大利亚进口的大麦以及自东南亚进口的木薯数量较为有限，因此，预计 2020 年我国玉米及其替代品进口总量将比上年有所增加。

三、值得关注的问题

（一）短期市场供应将明显增加，价格下行压力加大

2019 年新产玉米上市后延，市场供应压力也将随之后延。2020 年春节较早，节前农户因还贷及备年货等有变现需求，集中售粮时间相应被压缩。同时，东北冬季雨雪天气多，缺乏存储条件的农户玉米储存难度大，加之短期内玉米消费需求不旺，用粮企业和贸易商看跌后市，入市心态谨慎，不敢大规模建库。预计短期价格下行压力较大，尤其是集中上市期价格跌幅可能加大。

（二）中长期产需缺口大，供求关系趋紧

2019 年玉米消费需求下降，国内玉米供应较为充裕，但供给中有 4 000 万～5 000 万吨来自 2018 年临储拍卖的结转库存，预计当年玉米产需缺口仍有约 3 000 万吨。随着国家促进生猪生产的政策效应逐步显现，生猪生产恢复的拐点将比预期提前，未来我国居民对肉类的消费需求仍将进一步增长，同时玉米深加工仍有进一步发展空间，将带动玉米消费持续增长。如果玉米生产不能及时调整，国内产需缺口将逐步扩大。目前，国内临储玉米库存结余仅剩 5 000 多万吨，并且与 2018 年市场预期看涨，用粮企业踊跃参与临储拍卖，企业库存水平较高不同的是，当前市场预期看跌，用粮企业参与临储拍卖的积极性明显下降，企业和贸易商库存水平低，这导致结转到下年的玉米数量将大幅减少，预计 2020 年临储玉米库存将基本拍卖完毕，随着去库存结束，国内玉米供求关系将迅速趋紧，供应偏紧的格局将陡然凸显。

（三）深加工产能扩张较快，行业亏损面较大

收储制度改革后，国内玉米深加工产能持续扩张，产能已近 1.2 亿吨，并

仍在新上项目。前几年由于玉米成本较低，加上部分产能尚未释放，企业经营状况良好，但 2019 年开始，随着新增产能陆续投产，加之下游需求不旺，玉米深加工业竞争激烈，行业利润收窄，甚至出现大面积亏损。中国玉米网数据显示，2019 年 11 月下旬，东北和华北淀粉行业平均加工利润分别为每吨－7 元、－70 元，同比分别下降 210 元；东北和华北酒精行业平均加工利润分别为每吨 64 元、－552 元，同比分别下降 386 元、510 元。另据中国酒业协会酒精分会数据，玉米酒精行业经营困难，企业产品库存明显增加。2019 年前三季度，规模以上酒精企业利润总额－1.25 亿元，同比下降 335％，亏损面 49.1％。10 月末，规模以上企业酒精和 DDGS 库存同比分别增长 41.7％、319.7％。

四、有关政策建议

（一）做好新玉米收购工作

针对玉米上市压力加大的情况，建议加强市场监测，做好启动储备轮入、安排中央企业在市均衡收购、保障收购信贷资金等托底收购的各项准备工作，保障有人收粮，有钱收粮，谨防集中上市期玉米价格过度下跌和出现“卖粮难”。同时，建议玉米集中上市期在运输物流、烘干设施使用等方面加大扶持力度，保障新粮顺利入市，减少霉变损失，降低农民市场风险。

（二）适时调整玉米生产政策

针对国内玉米产需缺口大，供求关系趋紧的状况，建议适时调整玉米有关政策，充分发挥市场对生产的调节作用。从 2020 年开始，不再提倡继续调减籽粒玉米面积，并大幅缩小玉米和大豆生产者补贴标准差距，释放政策信号，扭转一些地方忽视玉米生产的趋势，引导生产者适度恢复玉米面积。大力加强玉米综合生产能力建设，持续提高玉米单产水平。健全农业保险体系，扩大玉米价格保险和收入保险试点规模，切实由保成本向保收益转变。

（三）促进玉米深加工业有序健康发展

针对玉米深加工业产能持续扩张，企业经营困难的状况，建议加强对玉米深加工项目备案制的管理，适时发布预警信息，引导玉米深加工合理有序发展。同时，适度调整燃料乙醇发展规划，减少以玉米为原料的燃料乙醇新增产能规模，科学把握利用玉米陈化粮发展燃料乙醇生产的数量与规模，保障国内玉米基本自给和供求基本平衡。此外，玉米深加工产能扩张，与因消化库存而采取的深加工补贴政策有一定关系，建议不再出台类似的深加工补贴政策，以免造成行业不平等竞争，加剧行业无序发展。

（四）明确玉米在国家粮食安全中的战略地位

玉米是我国第一大粮食作物，对保障国家粮食和食物安全，发展国民经济，保障农民就业和生计意义重大。在玉米产需缺口扩大的背景下，我国玉米及替代品的进口压力将逐步加大，如果不加以有效调控，可能再度出现大规模进口，冲击国内玉米产业的现象。建议明确玉米在国家粮食安全中的战略地位，把玉米作为战略性粮食产品，坚持基本自给的原则，贯彻落实中央“谷物基本自给，口粮绝对安全”的方针，继续坚持玉米进口配额管理制度，合理控制玉米进口规模，确保国内玉米不成为第二个大豆。综合运用技术性措施，对玉米替代品进口实行有效管理。鼓励企业走出去，促进进口来源更加多元化。

2019 年大豆市场形势分析及 2020 年展望

农业农村部信息中心　殷瑞锋
农业农村部农村经济研究中心　张　璟　张　振

一、2019 年市场形势回顾

2019 年中国大豆市场受国产大豆增产、中美经贸摩擦、非洲猪瘟疫情等供需因素影响，呈现以下特点。

（一）国产大豆市场趋于活跃，产区基本不存在“卖难”

在大豆生产者补贴、轮作补贴等政策作用下，自 2017 年开始国产大豆连续三年增产。根据国家统计局数据，2019 年大豆种植面积 1.4 亿亩，比上年增加 1 382 万亩，增长 10.9%；产量 1 810 万吨，比上年增加 215 万吨，增长 13.5%。2019 年国产大豆市场以 10 月为界限，分为 2018 年产大豆和 2019 年产大豆两个销售阶段，其特征主要表现在两方面：一是 2018 年产大豆供应紧张，价格连续上涨。年初，主产区 2018 年产余粮已经所剩不多，中间商收购困难，表现出惜售情绪，而终端刚性需求稳中有升，且 2019 年南方食品企业多已完成环保改造，开工率有所提高，国产大豆需求向好，市场供需偏紧，高品质食用大豆供应更加紧俏。因此，4 月中旬开始国产大豆价格快速攀升，为增加市场供应，6 月 17 日起临储大豆重启拍卖，尽管如此，涨势仍然持续到夏季需求降温以及湖北早熟大豆上市，且在 2019 年产新豆上市之前，市场都维持高位坚挺走势。二是新豆上市后集团收购主体增多，价格高开低走后提早反弹，国储轮换收购的“风向标”作用减弱。2019 年主产区新豆质量普遍较好，商品优良率达到75%以上，蛋白含量较高，多在39%～41%，优质品种蛋白含量可达42%～43%，外观和颜色也好于上年。从购销情况看，除大豆加工企业外，九三、益海嘉里、中粮等企业集团纷纷进入商品豆收购领域，传统贸易商也纷纷入市收购；由于种植收益有高额补贴弥补，近两年农户出售大豆时不再有很多顾虑，“种豆亏损、补贴来补”已成共识，尽管大豆增产较多，但市场成交活跃。11月底黑龙江中西部和吉林省大豆销售进度70%左右，远快于往年同期的30%～40%。季节性供应压力下，主产区大豆价格高开低走，10月底各地平均每吨较开市价格下跌200元左右，黑龙江东部及北部地区豆价一度跌至每吨3 200元以下。但随着市场化收购的有序进行，11月初黑龙江大豆价格开始反弹，至月底价格涨至每吨3 500～3 600元，12月延续涨势。由于市场化收购活跃，国储收购“风向标”作用减弱。新豆上市后较长一段时间中储粮新豆轮换收购挂牌价维持在每吨3 380～3 480元的“较低”水平，各地收储库点呈现出“车少人稀”的状态。与往年市场价围绕收储价波动的情况不同，12月3日黑龙江直属库国标三等大豆价格上调至每吨3 560元，主动与市场价格靠拢。困扰种植户多年的“卖难”问题不再，产业初步显现出良性循环的迹象。

（二）美豆出口中国受阻，国际大豆价格触及10年低点

2019年，美国芝加哥期货交易所（CBOT）大豆均价每蒲式耳[①]891美分(327.4美元/吨)，较2018年下跌5.1%。全年CBOT大豆价格总体继续延续2018年下半年以来的低位震荡走势，震荡区间为每蒲式耳800～950美分。价格走势主要受中美经贸摩擦形势、主产国天气状况、美豆销售情况影响：年初中美正式重启经贸谈判，巴西天气干旱影响大豆生长，国际大豆保持高位；4月南美大豆收获顺利，美豆库存创新高，非洲猪瘟疫情持续影响中国大豆需求，全球大豆市场供应宽松价格开始下跌，5月中美经贸谈判受挫，国际大豆价格跌直至年内低点；6月底，中美元首会晤，双方重启经贸磋商，洪水致美豆播种受阻预计减产，国际大豆价格反弹，8～9月中美经贸

① 蒲式耳为非法定计量单位，1蒲式耳=27.216千克。

摩擦再度升级，促使国际大豆价格再度降至低位。10 月中美双方在华盛顿举行的第十三轮磋商取得积极进展，市场预期中方将大量采购美国农产品，提振国际大豆市场价格震荡上行。但 10 月中旬后中美经贸磋商再无利好消息释放，南美天气状况改善带来利空影响，大豆价格重又回落。12 月中美达成第一阶段贸易协议后市场对中国将加大对美豆采购的预期升温，价格有所反弹。

（三）进口大豆供需基本平衡，国内油粕市场运行平稳

2019 年中国进口大豆 8 858.59 万吨，同比增长 0.6%。其中从美国进口 1 701.46 万吨，占 19.2%；从巴西进口 5 767.65 万吨，占 65.1%；从阿根廷进口 879.16 万吨，占 9.9%。虽然四季度受巴西大豆销售步入尾声，美国大豆未大量进口影响，11 月 22 日国内进口大豆库存降至 440 万吨的 4 年低点，但全年大豆进口能够满足需要，供需基本平衡。原因如下：一是受非洲猪瘟疫情影响，国内豆粕需求下降。2019 年 10 月国内 400 个监测县生猪存栏环比减少 0.6%，同比减少 41.4%，其中能繁母猪存栏环比增长 0.6%，同比减少 37.8%。豆粕在猪饲料中的添加比例一直在 15%以上，生猪存栏的大幅下降势必减少饲料及豆粕需求。二是替代性蛋白粕的进口增加。2019 年国内花生粕、菜籽粕、其他粕类进口量分别较上年增长 78.6%、26%和 1.5 倍，替代了一部分豆粕和大豆需求。因此，虽然大豆进口量较上年持平，压榨量有所下降，但由于豆粕需求减少、替代品进口量增加，油脂进口量也有所增加，总体上豆粕和豆油供需基本平衡，市场价格始终在合理区间内运行。

二、2020 年市场走势预测

（一）国产大豆面积继续扩大的空间缩小

从近年东北地区大豆生产情况看，如果没有补贴，大豆种植一直是亏损状态，因此 2020 年大豆种植面积增减情况仍然主要取决于补贴力度。不过

黑龙江和内蒙古的种植面积已经创历史新高，在高额补贴的吸引下，适合种大豆的区域已经全部改种大豆，继续增加的空间已经不大。提高单产水平、改善大豆品质，努力增加有效供给，将是未来提高我国大豆供给能力的主要路径。

（二）总体消费水平预计稳中有增

受养殖周期限制，预计国内生猪存栏量将在 2020 年下半年才开始逐步增加，但考虑到禽类饲料等其他饲料需求持续旺盛，预计 2020 年饲料和豆粕需求整体与上年相比小幅增加，大豆压榨量增加。随着居民生活水平的提高和健康意识的增加，大豆蛋白和豆制品的需求也会稳步增加。

（三）大豆进口量超过 9 000 万吨

尽管国产大豆种植面积和产量连续增加，但国内大豆的压榨需求仍然需要进口大豆满足。根据 2019 年大豆压榨量和生猪养殖恢复情况判断，预计 2020 年上半年豆粕需求前松后紧，消费量同比继续小幅下降；下半年的需求将稳步增加，全年豆粕需求量总体比上年增加。国务院税则委员会 2019 年 12 月 6 日公布，根据相关企业的申请，开展部分大豆、猪肉等商品排除工作，对排除范围内商品，采取不加征我对美 301 措施反制关税等排除措施。2020 年 1 月 15 日，中美正式签署《中美经济贸易协议》，其中包括继续从美国进口大豆等条款。预计 2020 年大豆总进口量将超过 9 000 万吨。

（四）全球大豆产不足需，供需宽松格局面临转折

据联合国粮农组织（FAO）2019 年 12 月 5 日预计，2019/2020 年度全球大豆产量约 3.43 亿吨，同比减少 1 920 万吨或 5.31%；中国养殖形势有望改善，豆粕需求量可能回升，因此全球大豆消费量上调至 3.57 亿吨，同比增加 460 万吨或 1.31%。总体上，本年度全球大豆产不足需，缺口达 1 400 万吨，因此期末库存量下调 1 380 万吨至 4 540 万吨，同比减幅接近 1/4，全球大豆连续几年的供需宽松格局面临转折。

三、值得关注的问题

（一）大豆生产者补贴难以促进产业高质量发展

2019年国家继续实施大豆生产者补贴，黑龙江省的补贴标准为每亩255元。该政策目标是同步统筹大豆、玉米补贴政策，通过实施差异化补贴标准达到优化调整种植结构的目的。但大豆生产者补贴存在以下局限性：一是当价格下跌时无法有效发挥增产效应，缺乏刺激生产的长效机制，即农户依赖补贴生产，没有动力改进生产技术，追求更高的产量和效益；二是我国大豆种植户仍以分散、数量多的小规模户为主，对大豆生产、交易等相关信息统计能力缺乏，基层执行难度较大，面临政策操作成本高的问题；三是随着大豆生产者补贴额的提高，大豆种植面积和农户种植收入增长幅度将会减慢，当市场大豆供过于求时，补贴政策对刺激农户生产的效果也将会减弱。

（二）国产大豆的综合竞争力依然较低

中美经贸摩擦提升了美豆进口成本，理论上这应当利好国产大豆市场需求。但从价格水平看，由于受国产大豆和进口大豆“两种产品，两个市场”的格局限制，再加上国产大豆种植成本较高，美豆进口量减少并没有提振国产大豆市场需求和价格。总体看，国产大豆综合竞争力低具体表现为：大豆单产低，大豆生产者规模小，种植技术落后，劳动生产率低，国产大豆产业链企业规模偏小，缺少整合能力，没有一套大豆生产、加工、销售的质量安全标准体系和追溯体系。

（三）大豆进口对外依存度高，贸易结构依然单一

目前我国压榨用大豆需求占总需求的80%以上，这部分需求仍主要依靠进口大豆满足。并且，近两年大豆进口来源国结构并未发生根本变化，2018年从巴西、美国和阿根廷进口大豆占比分别为75.1%、18.9%和1.7%；2019年占比分别为65.1%、19.2%和9.9%。可以说，我国大豆的贸易结构依然没有实质性的改变。

四、有关政策建议

（一）制定更加科学合理的大豆产业扶持政策

建议进一步研究大豆生产者补贴促进大豆生产的机理和局限性，探索符合世界贸易组织（WTO）规则的，与面积脱钩、与可持续发展和质量挂钩的补贴方式。除生产者外，建议加大对大豆贸易、仓储、物流等环节的扶持力度。在基础设施、技术服务体系、产销交易信息平台建设上给相关企业技术和项目支持。特别要高度关注我国大豆加工领域的外资并购行为和控股情况，对外资企业对中国大豆产业的影响进行定期评估和预测，维护大豆市场正常竞争和国内大豆企业的合法权益。

（二）培育新型大豆经营主体，加强技术研发和推广

通过合作社、农业企业等将零散的农户组织起来，培育适度规模大豆生产经营主体，形成大豆种植的规模效益；增加投入，加强大豆育种和种植技术研发，重视高科技在大豆种植和生产过程中的推广应用，加大对种植户和企业的技术服务力度，构建面向大豆产业的社会化服务体系，提高种管效率；推广机械化种植技术，研发大豆种植机械，提高大豆的生产效率。

（三）建立全球化贸易体系，降低大豆进口集中度

改变当前大豆进口来源过于集中的现状，积极拓展更多的大豆进口渠道，建立全球大豆进口格局。重点布局巴西、阿根廷、玻利维亚、巴拉圭等南美国家；稳步拓展俄罗斯、乌克兰等欧洲国家，支持企业到俄罗斯、乌克兰投资建设大豆种植基地，面向当地、国内和欧盟市场，以绿地投资方式为主，在种植、加工、仓储物流环节开展投资；着力培育哈萨克斯坦、塞尔维亚、安哥拉和津巴布韦等与中国有较强的大豆合作意愿或技术合作基础的国家，支持科研机构、企业在上述国家开展育种、试种和技术合作，了解当地大面积种植的资源条件，探索种质资源的适应性，逐步熟悉当地政策、掌握流通路径，探索合作模式，待时机成熟予以开发利用。

2019年棉花市场形势分析及2020年展望

农业农村部农村经济研究中心　翟雪玲　包月红　原瑞玲

2019年，国内棉花总产量降低，消费下行，进口增加，库存调整至正常水平，总体供求关系宽松。国际市场，棉花产量增加，供给充裕，但贸易保护主义、全球经济下行和地缘政治紧张等不利因素影响国际棉花市场走向，市场大幅动荡，给产业发展造成极大不利影响。展望2020年，国际贸易形势仍将主导棉花市场走势，国际经济下行趋势短期难以逆转，市场将面临供给更为宽松、消费下降、价格下跌、企业竞争加剧和资本市场激荡等多重挑战。

一、2019年市场形势回顾

（一）产量同比下降，供求关系宽松

2019年，我国棉花市场供给由三部分组成，包括国内生产、进口和国内储备棉轮出。从整体供给情况看，年度内供给充足，满足了企业的市场需求。

1. 棉花面积、产量均下降

受棉花价格下跌和消费预期下降影响，2019年我国棉花播种面积5 008.8万亩（3 339.2千公顷），同比减少0.5%。其中，据新疆农业部门统计，2019年新疆种植面积约为3 810.8万亩（2 540.5千公顷）。虽然新疆政府部门引导棉农调减植棉面积，但在目标价格等政策的支持下，植棉效益相对玉米、小麦等其他作物更有保障，实际面积调减幅度并不大。2019年整个棉花生产期间，

气候变化影响较为明显，棉花综合生长指数偏低。棉花生长前期，新疆棉花主产区受大风、低温降雨、冰雹等恶劣天气影响，导致部分地区棉花晚播、补种、生长偏慢；7 月以后，部分产区又持续高温干旱，造成蕾铃脱落，单铃重下降。2019 年我国棉花单产每亩 117.6 千克，同比减少 3.1%，总产 588.9 万吨，同比减少 3.5%。

2. 棉花生产标准化、机械化水平提高

农机购置补贴、新型农机技术推广等政策的实施，为机采棉发展创造了有利条件。2018 年全疆新增采棉机 650 余台，总数达 3 600 余台，2019 年预计总数突破 4 000 台，有效保障棉花采收能力。与此同时，机采棉综合农艺技术配套逐步完善，机采棉种植标准化程度提高，有利于棉花机采率的提升。2017 年新疆棉花机采率为 27%，2018 年增长到 38%，2019 年预计将达到 45%左右。目前，北疆棉区机采率超过 90%，南疆约为 15%。2019 年实际机采面积预计达到 2 000 万～2 500 万亩。

3. 储备棉从轮出转向轮入

2019 年，储备棉轮出改为对部分储备棉进行轮换，轮换数量较 2018 年轮出数量大幅减少。此次轮换从 2019 年 5 月 5 日启动至 9 月 30 日结束，累计挂牌销售储备棉 116.2 万吨，累计成交 99.6 万吨，成交率 85.7%。其中，新疆棉挂牌 57.0 万吨，地产棉挂牌 59.2 万吨；2011 年度储备棉挂牌 1.6 万吨；2012 年度储备棉挂牌 45.2 万吨；2013 年度储备棉挂牌 69.4 万吨。2019 年中央储备棉轮出成交均价 12 633 元/吨，折标准级（3128B）价格 13 902 元/吨，成交最高价 15 930 元/吨，成交最低价 10 750 元/吨。其中，新疆棉成交均价 12 794 元/吨，平均加价 707 元/吨；地产棉成交均价 12 444 元/吨，平均加价 425 元/吨。2019 年 11 月 14 日，中国储备粮管理集团有限公司宣布 50 万吨新疆棉轮入计划，轮入时间从 2019 年 12 月 2 日至 2020 年 3 月 31 日。新的轮入计划标志着我国棉花库存调整进入新的阶段，国储棉将更多发挥调节市场棉花供给，稳定棉纺织市场的作用。

4. 棉花进口同比大幅增加

2019 年我国棉花去库存结束，国储棉进入正常轮换阶段，进口棉成为补充国内产量不足的主要手段。为满足国内市场需求，2019 年 4 月 12 日，国家在

89.4 万吨 1%关税配额基础上，继续增发 80 万吨棉花滑准税配额，保证国内棉花供给。受中美经贸摩擦影响，2019 年美棉进口大幅下降，巴西棉、澳棉进口明显增加。据中国海关总署统计，2019 年我国累计进口棉花 184.6 万吨，同比增长 17.3%，进口主要来自巴西、澳大利亚、美国、印度、乌兹别克斯坦，进口量占进口总量的比例分别为 27.3%、21.5%、19.5%、11.2%和 4.2%（图 1）。

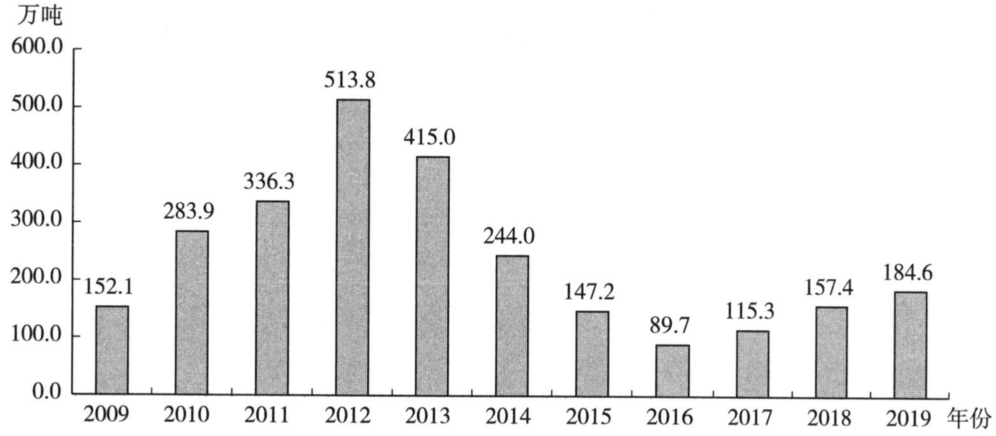

图 1　2009—2019 年我国棉花进口量

数据来源：中国海关总署。

（二）棉花需求进一步下降

1. 纺织服装产品出口下降

2019 年中美经贸摩擦升级，导致棉花和纺织品贸易持续走低。2018 年 9 月 24 日起，美国对 2 000 亿美元中方输美产品加征 10%（2019 年 5 月提高至 25%）的关税，涉及我国纺织服装等产品年出口额约 49 亿美元。2019 年 5 月，美国提出继续对我国 3 000 亿美元的输美产品加征 25%的关税，分别于 2019 年 9 月、12 月分批实施。两份加征关税清单几乎涵盖了我国输美的所有纺织品服装产品，总额约 500 亿美元，占我国同期出口纺织品服装产品总额的 18%。2019 年我国纺织品服装累计出口额为 2 719.0 亿美元，同比下降 2.2%。

2. 棉花消费减少

在中美经贸摩擦和世界经济增速下行等因素的综合影响下，2019 年棉花消费持续走弱，国内涉棉纺织企业棉花消费萎缩态势明显，纱、布销售不畅、库存增加。据国家统计局数据，2019 年我国累计纺纱量 2 892.1 万吨，同比减 1.8%。据《中国棉花工业库存调查报告》显示，11 月初被抽样调查企业纱产销率为 98.9%，同比上升 6.3 个百分点；库存为 23.2 天销售量，同比增加 3.3 天。布的产销率为 90.2%，同比下降 4.9 个百分点；库存为 50.1 天销售量，同比增加 11.9 天。根据中华全国商业信息中心统计，前三季度全国 50 家重点大型零售企业服装类零售额同比下降 4.0%，降幅相比 2018 年同期扩大了 6.7 个百分点。行业消费的低迷和库存压力的增加不断向原料端传导。根据国家棉花市场监测系统数据显示，2018/2019 年度棉花销售进度明显低于往年同期，2019/2020 年度新棉上市价格同比大幅下跌，供过于求局面明显。

（三）国内外棉花价格断崖式下跌，内外棉价差逆转

1. 国内棉价大幅下跌

国内棉花价格在经历 2018 年第四季度大幅下跌之后，2019 年 1～4 月有所回升。一方面，由于中美经贸摩擦的范围尚未涉及大部分棉纺织产品，虽然市场观望情绪加重，但对行业造成的直接影响不大。另一方面，中美暂停加征关税也给市场更多积极信号，支撑了棉花价格的稳定。这一阶段，标准级棉花每吨价格从 15 423 元上升至 15 659 元，上涨 1.5%。2019 年 5 月开始，随着美国再度升级贸易摩擦并逐步扩大加征关税产品范围，输美纺织品服装关税大幅提高，中国的产品竞争力下降，市场陷入恐慌，国内纺织企业采购棉花积极性下降，棉花销售进度缓慢，棉价持续下跌。4～10 月，标准级棉花每吨从 15 659元下跌到 12 723 元，跌 18.8%。2019 年 1～12 月，国内标准级棉花价格每吨从 15 423 元波动下跌到 13 154 元，跌 14.7%；1～12 月均价每吨 14 247元，同比下跌 10.3%。2019 年 1～12 月我国 32 支纯棉普梳纱线价格每吨从 22 983 元下跌到 20 288 元，跌 11.7%。

2019 年籽棉价格同比大幅下跌。新棉开秤价格每千克普遍下跌 0.6～1 元，新疆机采棉开秤价格每千克不足 5 元，同比下跌近 30%。国庆节之后籽棉收购价格有所上升。截至 11 月底，全国籽棉（白棉 3 级）收购价格每千克 5.7 元，同比下跌 15%，跌幅有所收窄。新疆 40%衣分手采棉收购均价每千

克5.6元，机采棉每千克5.2元。湖北、山东和河北籽棉收购均价每千克分别为5.9元、6.3元和6.2元。

2. 国际棉价波动下跌

2019年以来，受贸易保护和地缘政治紧张加剧、英国脱欧等相关风险影响，世界经济增长预期不断下调。10月国际货币基金组织（IMF）最新发布的《世界经济展望》将2019年世界经济增速下调至3.0%，较2019年7月预测值下调0.2个百分点。这也是2008年国际金融危机爆发以来最低水平。全球经济增长的放缓，直接影响消费的增长，从而影响全球棉花消费。根据美国农业部（USDA）全球产销预测，2018/2019年度全球棉花消费量为2 619.0万吨，同比减少2.0%；年度全球期末库存为1 753.9万吨，同比减少0.5%。由于产量和出口也出现下降，整个年度出现产、销、存、出口“四量同减”的局面。受此影响，2019年国际棉花价格以4月为高点，呈倒N形波动下跌。4～8月，Cotlook A指数先从87.25美分/磅①下跌至70.78美分/磅，跌幅达18.9%。此后，虽然指数有所回升，但同比仍处于三年来的历史低位。2019年1～12月，Cotlook A指数均价为77.87美分/磅，同比下跌14.8%。2017—2019年国内外棉花价格走势见图2。

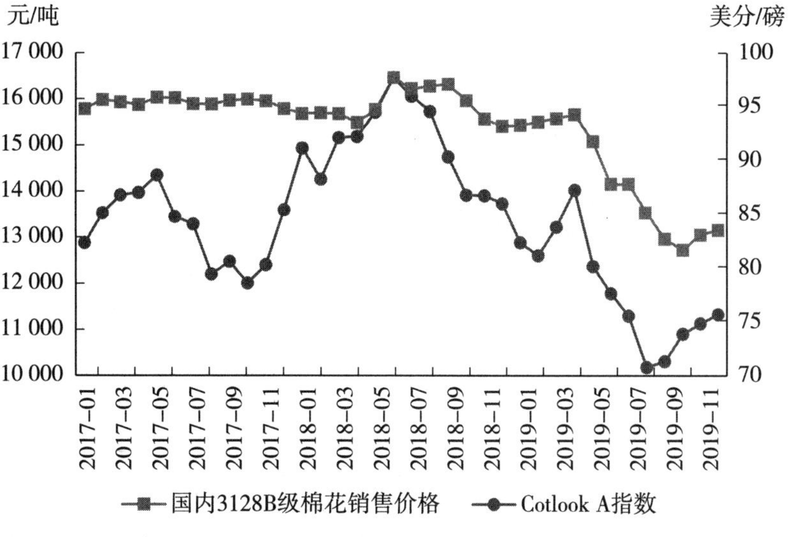

图2 2017—2019年国内外棉花价格走势

① 磅为非法定计量单位，1磅≈0.45千克。

3. 国内外棉价差缩小，进口棉优势凸显

尽管国内外棉花价格都呈先涨后跌的态势，但涨跌幅度不同，国内外棉花价差不断缩小。2019 年 1～12 月，1%关税下进口棉折到岸税后价每吨从 14 089 元波动至 13 296 元，和国内标准级棉花价差每吨从 1 334 元波动下降至 −143 元；滑准税下进口棉折到岸税后价每吨从 15 233 元波动至 14 507 元，和国内标准级棉花价差每吨从 189 元波动至−1 354 元。2017—2019 年国内棉花价格和国际棉花价格到岸税后价见图 3。

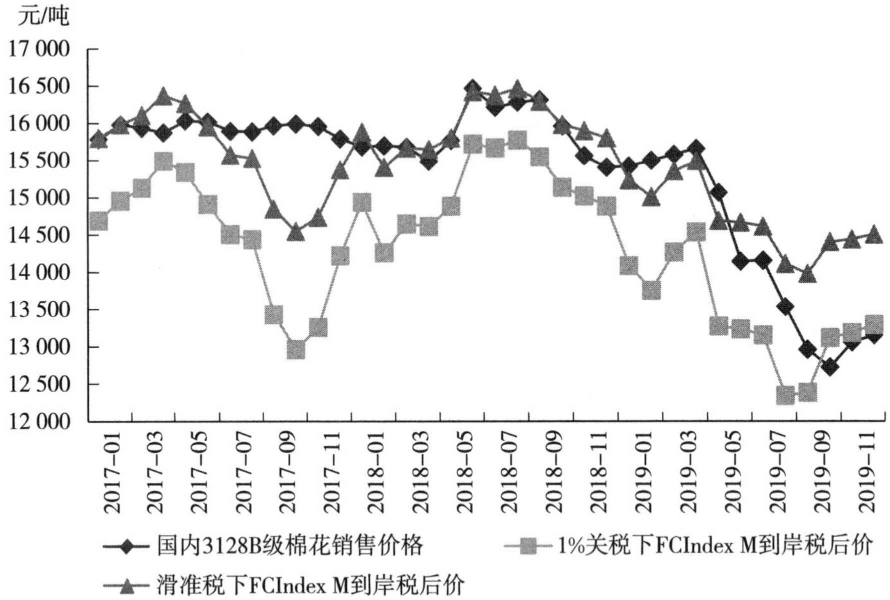

图 3　2017—2019 年国内棉花价格和国际棉花价格到岸税后价

二、2020 年棉花市场走势预测

（一）棉花供求关系趋紧

国内棉花供给包括国内生产、储备棉投放和进口三部分。从目前看，2019 年我国棉花产量预计为 580 万吨，较上年度下降 4%。由于 2019 年棉花价格大幅下跌，如果未来一段时间价格没有明显反弹，棉农植棉积极性必然受到影响，2020 年缩小植棉规模的可能性更大，棉花产量或将继续下降。经过五年抛储，国储棉库存规模已处于正常水平，2019 年 11 月中央储备决定轮入总量

50 万吨左右新疆棉。2018 和 2019 年国家分别下发了 100 万吨和 80 万吨的滑准税配额，预计 2020 年棉花滑准税配额会正常发放，加上新年度 89.4 万吨 1%以内关税的进口配额，以及前期国家抛储部分企业的商业库存，2019/2020 年度我国棉花市场总供给在 750 万吨左右。虽然 2019 年棉花消费有所下降，但总体规模仍大于年度供给，棉花供给或将较往年偏紧。

（二）棉花消费维持弱势

我国棉花产业外向性明显，棉花消费和世界经济发展状况紧密相关。当前，中美经贸摩擦不确定性和全球经济增速放缓对消费市场的抑制作用明显，经济合作与发展组织（OECD）于 2019 年 11 月预计 2019、2020 年两年全球经济将分别增长 2.9%，为 2008 年金融危机以来的最低增速。中国物流与采购联合会发布的 10 月全球制造业采购经理指数（PMI）为 48.8%，持续 4 个月运行在 50%以下。短期内，中美贸易摩擦有所缓和，美国暂停 10 月 15 日生效的 2 500 美元中国商品关税上调，中国同意从美国购买 400 亿～500 亿美元的农产品，但已有的加征关税措施仍在继续，谈判走向仍然有不确定性。从国内看，国内经济正处于转型升级阶段，经济增长速度下降，OECD 最新预计 2020 年和 2021 年中国经济增速将下滑至 5.7%和 5.5%，带动棉花消费增长动力不足。2019 年 10 月，中国官方制造业采购经理指数为 49.3%，低于荣枯平衡点。国内限额以上服装鞋帽针织类零售额同比下降 0.8%。从国内外两方面分析判断，2020 年国内棉花消费将维持弱势。

（三）棉花价格弱势震荡可能性较大

2020 年全球棉花供求宽松，国际棉花咨询委员会（ICAC）预计 2019/2020 年度全球棉花产量为 2 670 万吨，消费量为 2 620 万吨，棉花期末库存为 1 873 万吨，为近 4 年最高水平，新年度国际棉花价格预计维持弱势。国内方面，虽然新疆棉轮入政策为国内棉价提供了一定的支撑，但国内外经济增速下行导致下游需求走弱，纺织服装出口订单不确定性仍将持续，中美经贸摩擦的不确定性仍然存在，国内棉价预计将弱势运行。另外，随着全球主要经济体国家降息、降准以及量化宽松货币政策影响，投机资本引发棉价波动的可能性增强。

三、值得关注的问题

（一）棉花价格下跌，影响棉农植棉积极性

2019 年以来，受中美经贸摩擦的不断升级影响，棉花消费不断走弱，棉价大幅下跌。消费端的价格下跌已经传导至生产端，2019 年新疆籽棉成交价格同比也大幅下降。在生产成本逐年递增、机械化推广缓慢的情况下，价格下降将导致棉农收益大幅下降，必然影响其植棉积极性。目前，我国棉花库存已降至低位，在消费量没有大幅减少的情况下，如果不能保证棉花产量，产销缺口将逐步由进口补充，棉纺织业或将面临“受制于人”的局面，削弱产业竞争力。

（二）植棉技术瓶颈难突破，内地棉区规模提升难度大

近年来，受人工成本高、机械化程度低、棉花价格低等因素影响，内地棉区不断萎缩，农民植棉积极性不断下降，中国棉花主产区仅存新疆“一枝独秀”。另外，内地棉区由于种植规模、种植模式等问题，配套种植技术缺乏，实现机采困难较大。虽然国家已经开始探索实施内地棉花生产补贴，但在劳动力成本居高不下、种植技术难以突破、籽棉价格下降的条件下，要稳定内地棉区棉花种植面积难度仍然很大。

（三）棉花提质增效压力大，标准化程度仍需提高

因农机购置补贴、新型农机技术推广等政策的出台，为机采棉发展创造了有利条件，新疆棉花机采率呈逐年上升趋势，机采率由 2017 年的 27%增长到 2018 年的 38%，北疆棉区机采率达 90%以上，2019 年全疆预计在 45%左右。尽管新疆机采棉的取得重要突破，但全国棉区在实现高质量发展上，还存在一些问题。一方面，机采棉质量急需提高。目前，我国在机采棉的品种研发、栽培模式、加工标准方面已经有所改观，但与美棉、澳棉相比，在产品的一致性和品质上仍存在较大差距。另一方面，棉花种植区域统筹规划亟待加强。目前，我国棉花除了新疆之外，大部分省份底数不清、规模不明，更谈不上种植

品种和模式的一致与标准化，因此，未来需要对我国内地棉区进行规划和调整，为提高中国棉花质量创造条件。

四、有关政策建议

（一）完善棉花目标价格补贴政策

目标价格补贴政策实行6年来对新疆棉花产业的发展发挥了重要作用。2019年是新疆棉花目标价格补贴政策实行3年价格水平不变的最后一年，未来政策的走势急需明确。在产业发展遇到较大困难、目标价格补贴政策总体效果较好的状况下，建议棉花目标价格补贴政策在政策框架整体不变、对棉花产业的支持力度不减少的情况下针对存在问题进一步深化改革。

（二）深入推进棉花供给侧结构性改革

相比美国和澳大利亚，生产规模小、成本高、质量稳定性差是我国棉花的主要特点。今后必须深入推进棉花产业供给侧结构性改革，坚持问题导向，从降成本、提质量、增效益的角度推进供给侧结构性改革。发展适度规模经营，提高集约化标准化生产水平。支持纺织企业、加工企业与棉农、合作社建立紧密的产销联结机制，促进棉花生产模式的转型升级。大力发展机采棉，结合多种力量突破制约我国机采棉发展瓶颈，降低棉花生产成本。加大科技推广投入，提高生产要素产出效率。全程加强监管，从棉种、残膜回收、收购加工等各环节入手，提高原棉质量。

（三）科学应对中美经贸摩擦，提高我国纺织业综合竞争力

一是要积极拓展出口市场，促进出口转移。我国纺织服装行业要充分利用“一带一路”倡议带来的机遇，扩大、优化、升级我国与沿线国家现有的贸易关系与经济合作，以更加开放的态度应对摩擦。二是要引导纺织企业转型升级，提高综合竞争力。纺织企业要以中美经贸摩擦为契机，加快制造智能化步伐，加强市场开拓，丰富产品品类，提升产品品质与品牌影响。

2019 年油料市场形势分析及 2020 年展望

农业农村部信息中心　李淞淋
农业农村部农村经济研究中心　张雯丽

2019 年，中国油料生产稳中有增，食用油籽消费量减少，油脂消费量略增，油籽进口比上年略减、油脂进口显著增加。预计 2020 年，中国油料生产基本稳定，油脂消费结构明显下降，油籽进口贸易恢复性小幅增长，油脂进口高位略降，油料油脂价格走势分化。

一、2019 年市场形势回顾

（一）主要油料作物产量稳中有增

2019 年，油料种植面积 1 293 万公顷，比上年增长 0.5%；产量 3 495 万吨，比上年增长 1.8%。分品种看，油菜籽播种面积增加，但受部分地区阶段性强降水造成油菜倒伏等因素影响，单产略有下滑，总产稳中微增；花生播种面积和产量稳中有增。

预计 2019 年我国夏收油菜籽面积较上年增长 1.3%，总产较上年微增长 0.6%。分省看，江西、湖南两省面积较上年分别增长 7.4%、2.7%，产量分别增长 17.4%、4.2%；四川面积基本持平，产量增长 0.6%；江苏、安徽、湖北、河南面积分别减少 1.9%、5.6%、3.7%、3.0%；产量分别减少 2.1%、6.0%、2.7%、2.7%。四川继续保持全国油菜籽产量第一大省地位。

在油料支持政策以及上年花生价格运行良好的激励下，2019 年花生种植面积稳中有增，但干旱等不良气候条件影响了单产，花生总产稳中微增0.3%，部分主产省产量下降明显，如山东省花生产量比上年减少2.0%，降至历史最低；湖北省减少2.3%；江苏省减少1.3%。

（二）食用油籽消费量减少、油脂消费略增

食用油籽消费总量略减，结构差异明显。从总量上看，受生猪产能下降、中美经贸关系波动、中加油菜籽贸易规模大幅减少等因素的综合影响，食用油籽消费量稳中有减，压榨量约为13 001万吨，比上年减少3.3%。从结构看，大宗油籽消费下降，特色油籽消费增加。其中，大豆压榨消费比上年减少5.9%，油菜籽减少10.0%，花生减少0.1%，棉籽减少4.0%，葵花籽增长10.9%。

受经济发展增速稳定在6.0%以上、二孩比例持续增加到57%、人口总数持续增加、全国居民尤其是农村居民人均可支配收入明显增加，以及动物油脂供应减少的影响，食用植物油消费增加。预计2019年食用植物油消费量3 393万吨，比上年增长1.7%。分品种看，豆油、菜籽油受供应受限影响，消费稳中有减；受动物油脂供应减少、方便食品消费增加以及农村居民消费水平提升的影响，棕榈油消费量明显增加；葵花籽油、芝麻油、亚麻油等特色油脂作为油脂市场的补充，也是健康油脂的代表，消费量大幅增加。

（三）食用油籽进口量比上年略减，食用植物油进口大幅增加

据海关统计，2019年累计，我国进口食用油籽9 330.81万吨，比上年减少1.2%，进口额840.05亿美元，比上年减少8.0%；进口食用植物油1 152.69万吨，比上年增长42.5%，进口额74.11亿美元，比上年增长26.4%。

油籽进口结构显示，油菜籽、红花籽进口量同比大幅下降，芝麻同比略降，大豆稳中微增，花生、葵花籽、亚麻籽进口显著增加。海关统计数据显示，2019年，我国累计进口大豆8 851.12万吨，比上年微增0.5%，占我国油料进口总量的94.9%，受中美经贸关系的影响，月度进口量呈V形走势；油菜籽是第二大进口油料，累计进口273.69万吨，比上年减少42.5%，主要

是因为中国海关多次从进口加拿大油菜籽中检出油菜茎基溃疡病菌、十字花科黑斑病菌等检疫性有害物质，为防止有害生物传入，根据法律法规和国际惯例，暂停受理加拿大理查森国际有限公司（Richardson International Limited）及相关企业 2019 年 3 月 1 日（含）后启运的油菜籽报关，以至于我国进口加拿大油菜籽的数量大幅减少；累计进口芝麻 81.25 万吨，比上年减少 1.9%，主要是因为埃塞俄比亚、苏丹等非洲国家受干旱气候影响，产量下降，出口减少；累计进口红花籽 2.96 万吨，比上年减少 8.6%。作为补充，花生、亚麻籽、葵花籽的进口量均有不同程度的增加。其中，累计进口花生 48.09 万吨，比上年增长 162.0%，主要是为压榨花生油提供原料；累计进口亚麻籽 42.68 万吨，比上年增长 7.4%，主要是增加了与俄罗斯的贸易规模，从 2018 年的 7.96 万吨增加至 2019 年的 21.70 万吨，增幅 172.6%；累计进口葵花籽 30.25 万吨，比上年增长 117.6%，主要是因为放开了从阿根廷直接进口葵花籽的许可，并大幅扩大从哈萨克斯坦、保加利亚、俄罗斯进口葵花籽的规模。2018—2019 年中国油料进口规模与结构见表 1。

表 1　2018—2019 年中国油料进口规模与结构

主要品种	2018 年（万吨）	占比（%）	2019 年（万吨）	占比（%）
食用油籽	9 448.86	100.0	9 330.81	100.0
大豆	8 803.12	93.2	8 851.12	94.9
油菜籽	475.65	5.0	273.69	2.9
芝麻	82.83	0.9	81.25	0.9
亚麻籽	39.76	0.4	42.68	0.5
花生	18.36	0.2	48.09	0.5
葵花籽	13.90	0.1	30.25	0.3
其他油籽	15.26	0.2	3.71	0.0

油脂进口主要以棕榈油为主，各类油脂进口量均大幅增加。其中，累计进口棕榈油 755.16 万吨，比上年增长 41.8%，主要来自印度尼西亚（占 69.6%）、马来西亚（占 30.2%）；进口菜籽油 161.50 万吨，比上年增长 24.6%；进口葵花籽油和红花油 122.89 万吨，比上年增长 74.8%；进口豆油 82.56 万吨，比上年增长 50.3%。此外，菜粕、花生粕进口显著增加；受生猪

存栏量大幅下滑的影响，豆粕进口显著减少。全年累计进口菜粕 157.90 万吨，比上年增长 18.3%；进口花生粕 11.22 万吨，比上年增长 77.3%；进口豆粕 9 543 吨，比上年减少 58.2%。

(四) 油料油脂价格走势分化，内外价差保持高位

1. 油菜籽价格明显下跌，花生价格大幅上涨

2019 年，国产油菜籽价格先下跌后回升，总体价格重心下降，湖北油菜籽入厂均价每吨 4 986 元，比上年下跌 6.0%；花生价格持续上涨，远高于上年均价，山东花生仁入厂价每吨 7 128 元，同比上涨 13.7%（图 1）。

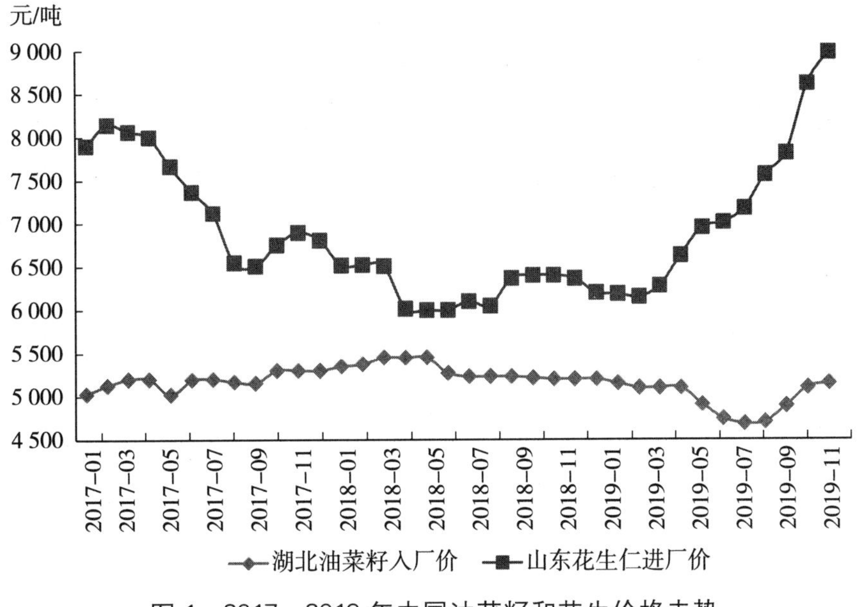

图 1　2017—2019 年中国油菜籽和花生价格走势

具体来看，1～8 月，国产油菜籽入厂均价从每吨 5 200 元持续下跌至 4 636元，累计下跌 11.0%；9 月起，价格恢复性回升，12 月达到每吨 5 150 元，累计上涨 9.5%。油菜籽价格走势变化的主要原因：一是贸易商担忧进口受限，提前加大进口和港口储备库存。1～4 月累计进口油菜籽 151.62 万吨，同比增长 20.8%；菜籽油 35.68 万吨，同比增长 30.6%。截至 4 月 26 日，国内沿海进口油菜籽总库存同比增长 18.4%，菜籽油增长 75.7%。二是信贷、期货等金融体系不完备，油菜籽收购资金捉襟见肘。受银根收紧，以及油菜籽后市价格看空的影响，经纪人、中小型加工企业贷款困难，收购量明显减少，加之目前

期货市场主要是针对进口油菜籽、菜籽油提供服务，未突出国产非转基因油菜籽和菜籽油的特色和价位，也使得规模较大的贸易商和加工企业因缺少风险锁定工具，降低采购和加工的积极性，拖累油菜籽价格。三是夏收油菜籽产量较上年微增。受上年价格较高、秋冬种期间气象条件较好的带动，油菜播种面积恢复性增加、单产稳中有增，总产比上年稳中微增。9 月后，随着上市交易量逐步减少、油菜籽进口量大幅减少，以及价格企稳带动消费需求回升，油菜籽价格明显回升，8～11 月价格累计上涨 5.9%。

花生仁价格震荡上行。元旦、春节过后，受需求回落影响，入厂均价从 1 月每吨 6 200 元跌至 3 月最低 6 150 元，累计下跌 0.8%；随后持续上涨，12 月达到每吨 8 975 元，比 3 月累计上涨 45.9%。花生价格走势变化的主要原因：一是上半年花生供给偏紧。花生果的保存时间只有半年，随着优质果逐步销售殆尽，价格逐步上涨。二是产销信息不对称。2019 年干旱，新花生品质好于往年，开秤价高于 2018 年同期，多数农户在 11 月前出售完毕；贸易商掌握市场信息有限，遵循“买涨不买跌”的逻辑，囤积居奇，带动价格持续上涨。三是局部地区花生减产。花生相较于果蔬等经济作物而言，比较收益较低，主产省农户种植花生的积极性有所下降，与此同时，2019 年的干旱、台风等恶劣天气也对部分地区的花生单产形成造成不利影响，支撑花生收购价快速上涨。

2. 食用植物油价格走势不一

2019 年，国内油脂价格走势不一、涨跌互现。其中，湖北四级菜籽油出厂均价每吨 7 323 元，比上年上涨 11.3%；山东国标四级豆油出厂均价每吨 5 707元，比上年上涨 3.1%；山东国标一级花生油出厂均价每吨 12 719 元，比上年下跌 2.4%；天津棕榈油到港均价每吨 4 790 元，比上年下跌 1.9%（图 2）。食用植物油价格走势分化的主要原因：一是国际市场食用植物油供需偏紧。联合国粮农组织（FAO）11 月报告显示，2018/2019 年度，全球食用植物油库存消费比 16.5%，比上年度下降 0.7 个百分点；2019/2020 年度，全球食用植物油产量 2.40 亿吨，消费 2.46 亿吨，库存消费比 14.2%，比上年度下降 3.0 个百分点。二是受国际价格走势影响。2019 年，马来西亚 24 度棕榈油离岸均价每吨 555 美元，比上年下跌 6.4%，带动国内部分食用植物油价格下跌。三是受国内供需形势影响。大豆、油菜籽压榨量均大幅减少，菜籽油、豆油供应量下降，产销格局紧张，价格上涨；花生油消费明显增加，产需偏紧，价格上涨；棕榈油进口量和库存量高企，价格下跌。2019 年年底，全国油脂加工企业的豆油、菜籽油、花生油、棕榈油库存量分别为 91.67 万吨、34.18 万吨、42.50 万吨、73.89 万吨，同比分别减少 43.7%、减少 37.3%、减少 15.8%、增长 55.5%。

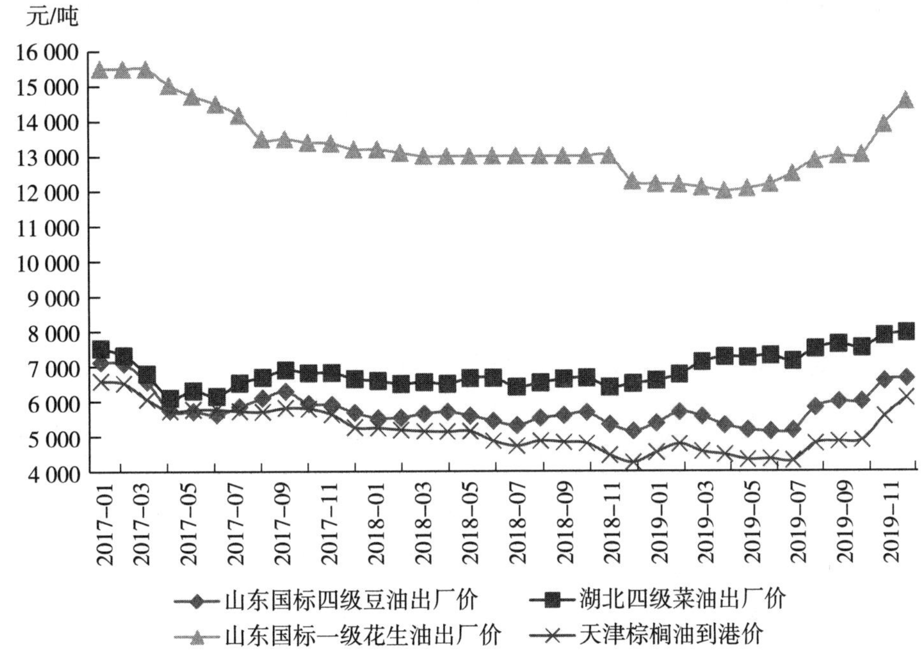

图 2　2017—2019 年中国主要食用植物油价格走势

3. 国际市场油料油脂价格下跌、内外价差保持高位

2019 年，加拿大油菜籽 CNF 均价（离岸价＋运费）比上年下跌 11.1%，马来西亚 24 度棕榈油离岸均价比上年下跌 6.4%，南美豆油 CNF 均价比上年下跌 4.3%，美国墨西哥湾豆油离岸均价比上年下跌 2.1%。内外油料油脂价差保持高位。其中，油菜籽内外价差总体缩小。油菜籽与国际市场油菜籽到岸税后价格价差保持在每吨 1 184～1 830 元，总体呈缩小趋势。主要是因为人民币贬值。国际豆油价差最高达每吨 1 914 元，最低 926 元，价差扩大。主要原因是国内生猪存栏大幅减少，豆粕需求量下降，带动大豆压榨量和豆油库存下降，支撑国内价格上涨，而中美贸易摩擦影响了全球大豆贸易规模，美国大豆、豆油价格下跌，从而扩大了豆油国内外价差。

二、2020 年市场走势预测

（一）油料生产总体稳定

受重要农产品保障战略的带动，2020 年，重要农产品生产能力和产业竞争力预计稳步增强。其中，油菜籽、花生播种面积稳步回升，但受新型冠状病毒肺炎（以下简称新冠肺炎）疫情影响，化肥等农资运输不畅、蜂农无法提供大规模异地授粉采蜜服务，预计对部分地区的油菜籽单产形成将造成不利影响，总体看，预计油菜籽产量稳定，花生产量稳中有增。特色油料在粮食安全战略和大宗油料产能回升的背景下，受土地、水资源等自然条件限制，以及进口低价油籽冲击的综合影响下，播种面积和产量波动发展。

（二）食用植物油消费减少 4%～8%

我国食用植物油消费包含家庭消费和外食消费（包括餐饮业消费和集团消费）、食品加工业消费。受新冠肺炎疫情影响，餐饮业消费量大幅下滑，食品加工业复工有所推迟，家庭消费虽有所增加，但受损耗率和浪费率较大的影响，增量总体较少，因此 2020 年我国食用植物油消费总量预计减少。据中国烹饪协会调研显示，疫情期间国内 93%的餐饮企业都不同程度地关闭门店。批发市场监测数据显示，春节、元宵节后食用植物油批发量日均同比减幅最高达 12.1%。考虑到餐饮业消费用油占比接近 40%，折合年均消费食用植物油 1 300 万吨左右、月均消费 110 万吨左右（一季度消费高于其他季度），疫情结束后消费也无法转移增多。按照疫情持续 2 个月估算，全年我国食用植物油消费总量预计会减少 4%～6%；持续 3 个月估算，消费总量预计会减少 6%～8%。从品种消费结构来看，受团体消费减少、家庭用餐增多的影响，豆油、色拉油消费量预计减少；菜籽油因传统消费习惯和喜好较强，消费量预计稳定；棕榈油受方便面、饼干及家庭小零食消费趋增影响，消费量预计稳中有增。

（三）油料油脂进口量保持高位

油籽进口规模较 2019 年恢复性增加。全球大豆产量恢复性增加，中美达成了第一阶段协议，加之中国生猪产能恢复，2019年11月生猪存栏量触底回升，能繁母猪存栏量连续4个月回升，带动油料进口规模恢复性增加。油脂进口规模保持高位。棕榈油、豆油、菜油仍需依靠国际市场进口调剂余缺，加之油脂消费多样化、差异化、特色化特征进一步加强，对特色油脂需求增多，预计油脂进口规模将保持高位，但受油籽进口量恢复性增加，国内油脂供应增多的影响，油脂进口规模有望略微回落。

（四）油料油脂价格走势分化

从国际市场看，马来西亚和印度尼西亚分别启动B20、B30生物柴油计划，预计分别提升两国棕榈油消耗量为130万吨、300万吨，加之2019年9、10月雨水不足影响棕榈油产量，2020年初棕榈油带动其他油脂产品的价格持续上涨。随着两国生物柴油计划实施细则的逐步出台，其中，马来西亚1月率先在吉打州开始推行B20生物柴油，并计划分阶段在4月于砂拉越，8月于沙巴开始实行，2021年6月在西马半岛全面实行，市场对棕榈油炒作热情转冷，加之印度限制采购印度尼西亚产24度棕榈油，全球大豆、豆油产量预计增加，国际油脂价格运行疲软。

从国内市场看，进口油籽对国产油籽的冲击强度预计增加，但受国家在新冠肺炎疫情后预计出台系列发展经济措施的影响，国产油菜籽价格预计稳中有涨，花生仁价格预计总体平稳。2020年食用植物油消费预计明显减少，同时，生猪产能恢复速度有限，肉禽行业在新冠肺炎疫情、高致病性禽流感的双重打击下，受到重创，预计全年油粕消费量有限，加之国际价格提振力量薄弱，均对油脂价格造成不利影响，考虑到不同油脂产品间的品质特征差异、消费习惯差异、需求价格弹性差异等，预计油脂产品价格走势分化。2020年国内油料油脂价格汇总见表2。

表2　2020年国内油料油脂价格汇总

主要品种	2019年均价（元/吨）	2020年均价区间（元/吨）	涨跌预测（%）
油菜籽	4 986	4 800～5 400	－5.7～6.3
花生仁	7 129	8 000～9 000	－7.4～6.6

（续）

主要品种	2019 年均价（元/吨）	2020 年均价区间（元/吨）	涨跌预测（%）
豆油	5 707	5 300～6 300	−7.1～10.4
菜籽油	7 323	7 000～8 000	−5.8～7.4
花生油	12 720	15 000～16 000	−4.9～3.0
棕榈油	4 790	4 500～5 500	−6.5～14.8

三、值得关注的问题

（一）油菜单产水平可能降低，多功能发挥受限

2020 年 1 月下旬，我国启动了全国范围的新冠肺炎防疫措施，鼓励居民减少外出、减少聚集，不少省份陆续出台了系列交通管制措施，一些农村也挖沟、封路，设置隔离带。受此影响，2 月湖北、湖南、四川等部分油菜主产省面临农资产品供应不足、乡镇交通运输不畅、跨村贸易有限的问题，南部地区油菜单产水平可能降低。同时，疫情持续时间越长，油菜花观光人数减少得越多，对农户收入将造成不利影响。

（二）配套基础设施和农业技术不完善，影响花生产业扩大

山东莱阳润东农民种植专业合作社社长反映，目前种植花生的地区水利灌溉设施老旧，水浇地面积非常有限，抗灾能力弱。在 2019 年干旱气象影响下，花生亩均单产只有 100 多千克，比往年减少了近 2/3。山东省莱阳市农技中心主任王卫国介绍，目前为扩大花生面积，主要通过发展麦茬、马铃薯茬花生，或在水果树种植的前 3 年套种花生等方式，但受水利灌溉、农机收获的影响很大。

（三）边境贸易统计体系缺乏，不利于准确预测供需形势

中国加强与边境国家的油料油脂贸易合作，如俄罗斯、乌克兰、哈萨克斯坦、越南、印度等。尤其是花生行业对花生原料进口量的预期存在较大差异，主要是对通过广东、广西、云南等东南边境贸易，流入我国的印度、越南花生

仁的数量存在未知。行业内普遍估计边贸进口花生量与海关总署公布的花生量基本持平，也就是预计花生进口量是海关公布数量的 2 倍左右。边境贸易规模逐步扩大，但统计体系缺乏，对研判供需形势非常不利。

四、有关政策建议

（一）完善线上线下技术指导和生产社会化服务，确保油料生产稳定

根据新冠肺炎疫情发生情况，以县（市）为单位，促进差异化复产复工。鼓励未发生疫情的县，尤其是“三区三州”深度贫困区，以及有防护保障措施的疫情轻微县及时启动农资和农产品贸易。及时跟踪监测发布油菜苗情和生产情况，加强社会化服务，统一作业部署安排油菜田间施肥。疫情期间，加强对农民生产技术的线上指导，确保年度内油菜不出现大幅减产，同时，鼓励线上视频播放油菜花海场景，获取点击量和线上收入，扩宽农民收入渠道。

（二）完善基础设施和科技支持，多渠道助力油料生产能力提升

一是加强基础设施配套建设。完善油料优势主产区高标准农田建设、水利灌溉和水肥一体化设施建设等，集中力量打造一批集中连片、设施配套、高产稳产、生态友好的生产基地。二是提高油料机械化水平。支持和鼓励油料收获机械研发取得新突破，提高全程机械化水平，实现节本增效。三是加强保险金融服务。建议根据各地实际情况，逐步向全国推广油料保险，帮助农户规避自然风险，确保基本收益。

（三）加强边境贸易的监测，强化供需形势的分析预警

当前，在中美经贸摩擦持续、反复，以及食用植物油消费稳中有增的背景下，食用油籽和植物油进口量将成为保障我国油脂安全的重要来源。为此，亟待加强对油料油脂进出口贸易以及边境贸易的及时、全面、精准监测，切实提升油料安全、食品安全预警能力，引导和促进产业健康持续发展。

2019 年食糖市场形势分析及 2020 年展望

农业农村部农村经济研究中心
张哲晰　徐　雪　朱亚伟　马　凯

一、2018/2019 榨季市场形势分析

2018/2019 榨季，国内食糖产量连续第三年增长，食糖消费量持平略增，食糖进口量大幅增长，食糖价格下跌明显。

（一）食糖产量恢复性增长

2018/2019 榨季，中国糖料种植面积 2 161.13 万亩，同比增加 97.15 万亩，增长 4.71%。其中，甘蔗种植面积 1 809.28 万亩，同比增加 8.43 万亩，增长 0.47%；甜菜种植面积 351.85 万亩，同比增加 88.73 万亩，增长 33.72%。分产区来看，广西、云南、海南、黑龙江糖料种植面积小幅增加，广东、新疆糖料种植面积小幅下跌，内蒙古糖料种植面积增幅较大。

2018/2019 榨季，中国食糖产量 1 076.04 万吨，同比增加 45 万吨，增长 4.36%。其中，甘蔗糖产量 944.5 万吨，同比增加 28.43 万吨，增长 3.10%；甜菜糖产量 131.54 万吨，同比增加 16.57 万吨，增长 14.41%。从结构上看，甘蔗糖在中国食糖生产中占 87.78%，同比下降 1.02 个百分点；甜菜糖增产幅度高于甘蔗糖，在食糖总产量中的占比略有上升，为 12.22%。

中国食糖产量恢复性增长情况基本与糖料种植面积变化相一致，糖料作物单产及含糖等农艺指标与上榨季基本持平。2018/2019 榨季，中国甘蔗平均单产 4.64 吨/亩，同比增加 0.19 吨/亩，甜菜平均单产 3.63 吨/亩，同比减少

0.05吨/亩；中国甘蔗平均含糖分13.42%，同比下降0.12个百分点，甜菜平均含糖分14.97%，同比下降0.22个百分点；糖料入榨量9 199万吨，同比增加503万吨，增长5.78%。

（二）食糖消费量持平略增，民用消费占比增加

受人口规模增加、城镇化快速推进等因素影响，近年来，中国食糖消费量呈现稳中趋增态势。根据中国糖业协会数据统计显示，2018/2019榨季，中国食糖消费量1 520万吨，同比增加10万吨，增长0.66%。

从消费结构来看，中国食糖消费仍以工业消费为主，但工业消费与民用消费此消彼长的趋势仍得以延续。2018/2019榨季，工业消费占比57.5%，同比下降0.5个百分点；民用消费占比42.5%，同比上升0.5个百分点。这主要是由于食糖在甜味剂市场上受到低价淀粉糖的竞争，而在民用消费领域由于价格弹性较小，消费需求则较为稳定。

（三）食糖进口大幅增长

2018/2019榨季，国际糖价持续低位运行，食糖进口大幅增长。2018/2019榨季我国累计进口食糖324万吨，同比增加80.9万吨，增长33.28%。累计出口食糖19.2万吨，同比增加0.8万吨，增长4.35%。与2017/2018榨季相比，受保障措施关税、世界产销形势变化等因素的影响，中国食糖进口有两个变化值得关注：一是食糖进口来源国有所变化，2018/2019榨季进口来源国以巴西、泰国、古巴为主，食糖进口量分别为166.57万吨、50.92万吨、42.70万吨，与2017/2018榨季相比，从世界第一大食糖生产国——巴西进口食糖的规模明显增加，保障措施关税税率由45%逐步下降至35%是其中的重要原因[①]；二是食糖进口集中度提高，进口来源更加集中，三大进口来源国的食糖进口规模在食糖进口总量中的占比由2017/2018榨季的34%上升到2018/2019榨季的80.31%，这是中国对巴西进口食糖逐步恢复

---

① 2017年5月22日至2018年5月21日，税率45%；2018年5月22日至2019年5月21日，税率40%；2019年5月22日至2020年5月21日，税率35%。

到以往水平所致，2018/2019 榨季，中国从巴西的食糖进口量占总进口量的 51.41%。

(四) 国内糖价下跌明显

2018/2019 榨季前期，由于国际食糖价格低迷、国内市场信心不足，国内食糖价格持续下行；后期，受新榨季食糖产量预估下降、消费支撑，以及打击食糖走私效果显著等因素综合影响，食糖价格稳步回升。2018/2019 榨季，国内食糖均价 5 253 元/吨，同比下降 395 元/吨。受国内食糖价格下行影响，制糖行业亏损延续，根据中国糖业协会统计，2018/2019 榨季全国制糖行业亏损 43 亿元，同比增加 23.8 亿元。

二、2019/2020 榨季市场走势预测

(一) 产量稳中有降

综合分析主产区反映的情况以及遥感、气象等信息，预计 2019/2020 榨季糖料种植面积 2 134.5 万亩，同比下降 26.63 万亩，减少 1.23%，其中，云南、广东两产区种植面积下降明显，主要由糖业持续亏损、其他作物竞争打击蔗农种植积极性所致。2019 年，甘蔗主产区广西、云南遭遇干旱、寒潮等不利气象条件，当前阴雨寡照天气较多，加之突发的新冠肺炎疫情对甘蔗种、砍、运、榨、销造成不利影响，综合来看，不利于新榨季食糖供给，预计 2019/2020 榨季食糖产量 1 040 万吨，同比减少 36.04 万吨，减少 3.35%。

(二) 消费量同比持平

食糖消费受人口规模、城镇化发展水平、收入水平、居民饮食习惯等多重因素的影响，2019 年年末，中国总人口超过 14 亿，城镇人口占总人口比重 60.6%，这些都为中国食糖消费量的增加提供了支撑，但与此同时，中国食糖替代品快速发展、人口出生率不及预期，老龄化带来饮食偏好调整将使食糖消

费增速放缓。此外，中国食糖消费不仅在食品工业消费和居民生活消费等传统领域，在医药、建材、化工等新兴领域的消费潜力也将得到进一步释放。总的来看，预计 2019/2020 榨季中国食糖消费量 1 520 万吨，同比持平。

（三）进口压力较大

我国食糖进口受国内供需关系、国内外食糖价格、国内调控政策等多重因素的综合影响。如前所述，2019/2020 榨季，预计我国食糖产量稳中有降，消费量同比持平，食糖产需缺口进一步增大。国际食糖市场则受印度、泰国、欧盟等主产国（地区）食糖产量预期下降的影响，产需缺口不断上调，对国际价格有所支撑，但以印度为首的全球食糖库存压力依然存在。中国商务部《关于对进口食糖采取保障措施的公告》（2017 年第 26 号）要求，2020 年 5 月贸易保障措施到期，国内外食糖价差的增大将加大食糖进口压力，新年度调控政策、打击走私等也将影响我国食糖进口。综合研判，预计 2019/2020 榨季中国食糖进口压力较大。

（四）食糖价格有望止跌回升

2019/2020 榨季，国内食糖价格走势受到国内外多重因素的影响。一方面，国内食糖产不足需的基本面为糖价提供了一定支撑，同时，我国打击食糖走私效果显著，有利于稳定食糖市场秩序；另一方面，印度、泰国、欧盟等食糖主产国（地区）食糖产量预期下降，国际食糖产需缺口不断上调，但目前仍有较大国际库存未消化。综合国内外的因素，国内糖价有望止跌回升，预计 2019/2020 榨季国内食糖价格为 5 300～5 800 元/吨。

三、值得关注的问题

（一）创新步伐缓慢、企业发展质量较低

一是制糖工艺落后。企业普遍缺乏生产设备更新换代积极性，劳动生产率偏低，经济效益较差，影响企业核心竞争力。二是管理水平较低。部分企业现

代管理理念落后，管理内容僵化、管理手段老化，无形中增加企业经营成本，影响企业收益。三是环境污染严重。制糖业属于高能耗、高污染的农产品加工业，部分企业环保投入不足、污染排放不达标、发展模式粗放，严重威胁了环境可持续发展。四是科技带动不足。部分企业缺乏科技投入积极性，对于当前农民迫切需要的良种、农机等研发和引入力度不够，此次突发的新冠肺炎疫情也倒逼加速研发集成推广绿色轻简化技术，加速机械替代人工，“产糖于技，抗疫于技”。我国糖业应立足于高质量发展，加快转型升级。

（二）市场化改革推进困难，行业发展后劲不足

长期以来，我国糖料作物“订单农业”模式培育固化了农、企双方的“等靠要”思想。对于农户而言，比较收益影响种植决策，种植决策影响糖料产出，企业为提高产能利用率必须稳定农户种植积极性，使农户缺乏改进农艺措施动力，造成原材料成本居高不下。对于企业而言，作为保障国家糖业安全、维持边疆地区稳定的重要责任者，行情好时“闷声发财”，行情差时则以糖业根基为依据，向国家要扶持、要资金，导致市场竞争意识缺乏，发展后劲不足。而造成农、企矛盾的关键在于糖业市场化程度较低，企业与糖农之间利益共享和风险分担机制尚未真正建立。

（三）政策空间越来越少，新政策出台面临内外压力

近年来，国家出台了许多政策来扶持食糖产业发展，如糖料蔗主产区生产发展规划、自动进口许可、贸易保障措施关税等。当前，我国食糖产业发展再度面临严峻挑战，行业对国家政策的呼声愈发高涨，纷纷要求国家实行糖料直接补贴。但是在当前的贸易环境下，新的扶持政策的出台不仅承受较大的外部压力，而且面临着内部不同产区之间利益平衡的问题。

四、有关政策建议

（一）创新驱动企业转型升级

一是树立行业规范，激发企业自主性。鼓励企业践行《糖业转型升级行动

计划（2018—2020）》，继续开展绩效同业对标，树立先进标杆企业，让全行业找差距、补不足，促进制糖行业技术水平提升。二是培育现代管理思维，提高经营水平。健全完善企业内部治理机制、资产运营机制和激励约束机制，提升企业经营管理水平、降低企业运营成本、增强市场竞争力。三是加强技术研发力度，带动农户提质增效。推动企业与科研院所合作，产学研相结合，推动科技成果产业化。同时，注重开展技术培训服务，促进新品种、新技术推广应用。

（二）切实发挥市场作用

一是树立服务型政府观念。我国糖业竞争力孱弱是不争的事实，但政府不应简单地以通过干预市场降低特定产区制糖成本为导向，而应以引导企业培育市场主体意识、重视基础竞争力提升为核心，重点关注打造良好营商环境与维护健康市场秩序，让企业轻装前行。二是加强信息发布和市场管理。当前食糖市场尚不成熟，农、企应对冲击能力薄弱，应加强对期、现货食糖市场的有效监管和对违规行为的惩处力度，切实防范过度投机炒作，积极配合国家宏观调控，充分发挥白糖期货市场服务糖业实体经济发展的功能。三是推进糖业市场化改革。在确保我国糖业安全的前提下，应进一步以市场需求为导向，推进糖业供给侧结构性改革，提高糖业竞争力。可先从糖料收购价改革入手，培育农、企市场意识，搭建农、企利益联结机制框架，为后续逐步放活糖业市场打下基础。

（三）审慎出台产业扶持政策

一是尊重市场规律。产业的形成、发展与消亡是多种因素综合决定的。应适当淘汰一批加工能力小、技术装备落后、管理水平较差的制糖厂。鼓励支持制糖厂引进先进装备、改进制糖工艺、提高管理水平，强化自身能力，适应市场需求。二是兼顾效率与公平。要兼顾国内不同产区、不同品种，营造公平竞争环境。在对广西、云南等我国甘蔗产区开展政策大力扶持的同时，要考虑政策的溢出效应及社会舆论，对甜菜产区也要予以适当倾斜。三是增强国际应对能力。应在世界贸易组织（WTO）框架体系下，进一步优化战略性贸易政策，避免“黄箱”政策，用好“绿箱”政策。同时，加强对走私行为的打击力度，做好行业自律，为我国糖业发展“守好大门”。

2019 年猪肉市场形势分析及 2020 年展望

中国农业科学院北京畜牧兽医研究所　朱增勇
中国农业科学院农业信息研究所　李梦希

2019 年猪肉和生猪价格均明显上涨，三季度阶段性快速上涨特征明显，8 月生猪和猪肉价格均创历史高位。总体看，2019 年尤其是 7 月以后生猪供给偏紧局面特征明显。猪价上半年仍然呈现区域化差异走势特征，南跌北涨，下半年猪价走势北方主产区和南方主销区再次趋于一致。当前猪肉市场供应总体偏紧，预计三季度前猪价仍将保持高位，猪价上涨压力仍在，四季度将会高位回落。

一、2019 年市场形势回顾

（一）生猪和猪肉价格三季度阶段性快速上涨

生猪和猪肉价格明显上涨。2019 年猪肉均价 33.56 元/千克，同比上涨 49.3％。1 月和 2 月猪肉价格延续了 2018 年底的下跌，分别环比下跌 2.2％和 2.6％，2 月下跌至 22.55 元/千克，之后触底反弹并连续 9 个月上涨，其中，8 月、9 月和 10 月涨幅明显，环比分别上涨 21.1％、23.7％和 20.2％，11 月上涨至 54.91 元/千克，同比上涨 133.5％，12 月回落 7.0％，为 51.09 元/千克，同比上涨 115.7％。生猪年均价为 21.05 元/千克，同比上涨 62.1％。2019 年 1 月为 13.12 元/千克，连续 2 个月下跌至 2 月 12.55 元/千克后回升，3 月涨幅明显，环比上涨 14.3％，为 14.35 元/千克，8 月开始阶段性快速上涨，分别连续 3 个月大幅上涨 23.8%、22.6%和 24.2%，11 月上涨至 34.89 元/千克，环比上涨 4.7%，同比上涨 151.6%，12 月回落 4.6%，为 33.28 元/千克，同比下跌 138.6%。仔猪年均价同比大幅上涨 79.4%，为 46.11 元/千克。2019 年 1 月仔猪价格为 22.00 元/千克，环比下跌 2.8%，2 月开始连续 10 个月上涨，其中 3 月、4 月、9 月和 10 月涨幅明显，分别环比上涨 31.8%、20.1%、18.7%和 22.2%，3 月开始同比转正，11 月为 77.75 元/千克，环比上涨 13.9%，同比下跌 232.8%，12 月回落 3.0%，为 75.41 元/千克，同比下跌 233.3%。

8 月猪价创历史新高。猪肉价格跌至 2019 年 2 月第 4 周 22.36 元/千克开始回升，8 月第 2 周涨至 32.44 元/千克，超过 2016 年 6 月第 2 周的历史高位并阶段性快速上涨，11 月第 1 周上涨至 58.71 元/千克，较 2 月第 4 周累计上涨 1.63 倍，之后连续下跌，12 月第 4 周跌至 50.88 元/千克，环比下跌 0.2%，同比上涨 114.7%。延续上年跌势，生猪价格 2019 年 2 月第 1 周跌至 12.21 元/千克后震荡回升，6 月开始持续上涨并阶段性涨幅明显，8 月第 2 周为 20.92 元/千克，超过上一轮价格高点，10 月最后一周涨至 38.71 元/千克，同比上涨 175.9%，较 2 月第 1 周累计上涨 2.2 倍，11 月第 1 周开始高位回落，12 月第 4 周为 33.27 元/千克，环比下跌 0.1%，同比上涨 139.9%。仔猪价格受非洲猪瘟疫情影响自 2018 年 9 月第 2 周开始连续21 周下跌，2019 年 1 月最后一周为 21.57 元/千克，同比下跌 29.4%，创 2016 年以来价格低位，2 月第 1 周开始回升，连续40 周涨至 11 月第 1 周的 79.37 元/千克，环比上涨 2.3%，同比上涨 233.1%，累计上涨 2.7 倍，11 月第 2 周开始回落，12 月第 4 周为 75.15 元/千克，环比下跌 0.1%，同比上涨 234.3%。

猪肉供给偏紧导致猪价三季度明显上涨。据国家统计局数据，2019 年猪肉产量 4 255 万吨，较上年减少 21.3%。生猪存栏 31 041 万头，同比下降 27.5%；生猪出栏 54 419 万头，减少 2.16%。其中，一季度、二季度、三季度和四季度生猪出栏分别为 18 842 万头、12 504 万头、9 632 万头和 13 441 万头，同比分别下降 5.7%、7.0%、40.4%和 32.1%，猪肉产量分别为 1 463 万吨、1 007 万吨、711 万吨和 1 074 万吨，同比分别下降 5.2%、6.0%、42.1%和

31.2%。1～12 月规模以上生猪定点屠宰企业屠宰量累计 19 115.76 万头，同比减少 21.2%，其中 1 月同比增长 6.3%，2 月之后开始低于上年同期，4～7 月同比减少 10%～15%，8 月开始明显下降，同比减少 25.6%，9 月开始同比降幅超过 30%，10 月同比降幅最高，为 46.0%，12 月同比降幅为 36.5%。

非洲猪瘟和猪价上涨分别影响上半年和下半年猪肉消费。上半年猪肉消费低迷，8 月猪价上涨对消费抑制明显显现。非洲猪瘟疫情发生初期，消费者由于对非洲猪瘟认识不科学，加之疫情点状散发，导致消费者开始主动减少猪肉消费，转向牛肉和禽肉以及水产品等替代品。2019 年 8 月以来猪肉价格阶段性快速上涨，当猪肉价格上涨至 30 元/千克后，猪价上涨对消费的抑制作用开始显现。

（二）养殖盈利水平处于历史较高水平

2019 年猪粮比价平均为 10.07∶1，较上年增加 3.69 个点，呈现较好盈利状态。1 月猪粮比价为 6.36∶1，受猪价下跌影响降至 2 月 6.13∶1，3 月进入盈利期，猪粮比价为 7.11∶1，8 月猪价阶段性快速上涨，猪粮比价增至 10.32∶1，9 月增至 12.58∶1，创历史新高，11 月为 16.46∶1，12 月略有回落，为 15.70∶1。2019 年出栏一头 100 千克的肥猪自繁自养养殖户盈利为 900 元左右，外购仔猪养殖盈利水平在 800 元左右。

（三）猪肉进口量创历史高位

国内猪价上涨带动 4 月开始猪肉进口显著增加。1～12 月累计，进口生猪产品 312.79 万吨，同比增长 45.2%；进口额 65.52 亿美元，同比增长 80.6%；出口 21.18 万吨，同比减少 36.4%；出口额 9.93 亿美元，同比减少 9.0%；贸易逆差 55.59 亿美元，同比增长 1.2 倍。其中，进口猪杂碎 113.26 万吨，同比增长 17.9%，进口额 20.22 亿美元，同比增长 32.4%；进口鲜冷冻猪肉 199.41 万吨，同比增长 67.2%，进口额 45.09 亿美元，同比增长 1.2 倍，占生猪产品进口总额的 78.5%。其中 5 月开始猪肉进口同比增幅超过 60%，7 月和 10～12 月进口量同比翻番，12 月同比激增 174%。进口猪肉主要来自西班牙、德国、美国、巴西和加拿大，累计进口量分别为 38.16 万吨、

32.32万吨、24.50万吨、22.21万吨和17.21万吨，同比分别增长73.8%、41.5%、186.0%、48.0%和7.4%，合计占进口量的67.4%。

二、2020年市场走势预测

2020年上半年供给偏紧特征仍然较明显，下半年供给将有望逐步恢复。据农业农村部数据，1～12月400个监测县生猪存栏从1月12.6%扩大至10月41.4%，11月开始恢复，12月同比降幅为37.7%，下半年同比降幅均超30%。其中，能繁母猪存栏同比降幅从1月14.8%扩大至9月38.9%，10月开始降幅收窄，12月为31.4%。2020年上半年仔猪供给量将会恢复，上半年供给偏紧局面将较突出，下半年生猪出栏量有望逐月增加，四季度供给将出现较明显增加。

2020年猪肉和生猪价格仍将维持高位。2020年上半年生猪市场价格有望高位小幅上涨，下半年随着生产恢复，猪价将会逐渐回归合理水平，进入新一轮价格周期。

三、值得关注的问题

（一）基础母猪产能过低导致短期内仔猪供给难以快速增加

本轮非洲猪瘟疫情叠加环保拆迁、猪价低迷、生猪产品调运政策以及分区防控政策等因素影响，基础母猪深度下降。由于能繁母猪到育肥猪出栏需要12～14个月的生产周期，即使四季度能繁母猪产能止跌回升迹象已经显现，但由于生产周期的影响，仔猪供给2020年上半年才能恢复性增长，下半年生猪和猪肉供给才能恢复。同时，压栏和母猪留种将导致短期内生猪供给偏紧局面加剧。仔猪、种猪价格上涨带动生产成本明显上涨，对养殖补栏积极性有一定抑制作用。当前15千克仔猪价格在1 500～2 000元，80千克左右的二元母猪价格在5 000元左右，生产成本明显上涨，中小养殖户由于担心2020年的市场风险对补栏存在一定顾虑。

（二）中小户生物安全水平不高，影响复产成功率和产能恢复的持续性

非洲猪瘟缺乏相关疫苗，尽管大型养殖企业不少已经成功并且持续复养，但占我国出栏量近50%的非规模户由于文化素质、资金、硬件条件等问题，生物安全水平短期内难以快速提升，疫情仍然会导致高风险地区补栏复养失败，抑制了补栏积极性，影响生猪产能恢复的持续性，会导致后期生猪产能增长出现震荡。

（三）政策落地的有效性、持续性和稳定性将影响产能恢复速度

虽然国务院和各部委已经出台了多项稳定生猪生产、保障猪肉供给的支持政策，目前已经有25个左右的省份出台了具体的措施，除了细化国务院支持政策外，不同省份由于财政等因素差异，本省份重点支持政策也有所不同，从支持复产的补贴一直到种猪引进补贴、质押贷款等。中小规模户由于非洲猪瘟疫情以及前期亏损等原因，资金仍存在较大问题，难以获得足够资金补栏。

（四）一季度新冠肺炎疫情影响产能恢复速度和猪价拐点

双疫情冲击将影响当前生猪产能继续恢复以及三季度生猪供给的有效增加。尽管新冠肺炎疫情减少了人员流动，提升了防疫硬件水平，有利于非洲猪瘟控制，但同时也造成生猪的新建产能以及引种项目停滞，饲料生产不足、调运受阻影响生猪、仔猪和母猪的正常生产，饲料价格上涨带动成本上升，仔猪和种猪调运影响中小规模户扩产补栏，兽药不足影响猪群健康，尤其是春季仔猪成活率和补栏情况将直接影响三季度的猪肉供给，使得未来猪价拐点延后。

四、有关政策建议

（一）提高中央和地方政府政策衔接有效性

一是为中小户提供相应的融资渠道和生产性贷款扶持。当前产能恢复还需

要进一步提升中小规模户的补栏积极性，获得足够的资金才能有利于这部分主体补栏复产，而地方政府和金融机构积极性不高导致这一难题仍然比较突出。二是要求并支持主产县建立洗消中心。三是建立环保标准，督促环保部门完善符合条件的猪场环评审批程序。地方政府怕生态环保污染问责，养殖用地落实依然存在难题。四是加快经过检疫合格的仔猪和种猪的跨省调运。

（二）提高生猪产业组织化水平

养殖户由于受到自身文化素质和资源条件的限制，生物安全意识薄弱，同时缺乏了解疫病防控方法和技术、饲料价格和生猪价格波动预测等方面的消息。通过建立养殖合作组织或者公司＋农户，不但有利于保障生产资料供应，真正压实养殖户的防疫主体责任，有效建立产销对接，还有助于解决生猪养殖的环评、用地、信贷等瓶颈，形成规模优势。

（三）实施产业主体联防联控

中国养殖户众多，素质参差不齐，应建立“政府＋企业＋养殖户”联合体，培养养殖户的生物安全理念，统一实施和加强养殖场生物安全水平提升、育肥猪病毒检测、调运控制、病猪扑杀等，压实养殖场户防疫主体责任，督促养殖场实施动物疫病净化工程，及时发现、上报疫情并有效扑杀病猪，从而真正有效地防控非洲猪瘟疫情。

2019年牛羊肉市场形势分析及2020年展望

中国农业科学院农业信息研究所　曲春红　司智陟　朱　聪

2019年我国牛羊肉产量增加，消费需求继续增强，供应偏紧导致牛羊肉价格上涨，进口继续增加。1～12月牛肉、羊肉集市均价每千克分别为73.23元、72.22元，同比分别上涨12.4%、15.7%；1～12月牛肉、羊肉累计进口分别为165.94万吨、39.23万吨，同比分别增长59.7%、23.0%。预计2020年国内牛羊肉需求继续旺盛，供给仍保持偏紧趋势，价格保持高位运行。

一、2019年市场形势回顾

（一）产量继续增加

我国畜牧业发展已经进入转型升级的新阶段，牛羊产业正面临结构调整，生产布局趋于优化，规模化水平继续提升，综合生产能力不断提高，产量保持稳步增长。据国家统计局最新数据，2019年我国牛肉、羊肉产量分别为667万吨、488万吨，比上年分别增长3.6%、2.6%。部分主产省区牛羊肉产量继续增加，内蒙古牛肉、羊肉产量分别为63.8万吨、109.8万吨，比上年分别增长3.9%、3.3%。河北牛肉、羊肉产量分别为57.2万吨、31.0万吨，比上年分别增长1.3%、1.5%。河南牛肉、羊肉产量分别为36.2万吨、28.1万吨，比上年分别增长4.1%、4.5%。

（二）消费需求旺盛

随着居民收入不断提高，城镇化建设深入推进，消费需求稳步提升，消费渠道和方式进一步扩展，牛羊肉的消费比重不断提高。从消费种类看，在传统的热鲜肉和冷冻肉消费的基础上，冷鲜肉等低温肉制品占消费比重近年来有所增加。熟肉制品、休闲便捷食品等其他牛羊产品的消费也不断增长。从销售模式看，在快节奏的现代社会，电商新零售等迅速发展，线上消费已经成为消费增长的新热点。同时，受非洲猪瘟的影响，部分消费者转向牛羊肉消费，牛羊肉总需求仍保持增长。

（三）进口增幅较大

受需求增长和国内外价差的影响，我国牛羊肉进口快速增加，尤其是牛肉进口增长十分迅速。同时，由于资源环境约束不断加剧，产业发展面临诸多制约，进口已经成为牛羊肉市场供给的重要补充。

2019 年 1～12 月，牛肉累计进口量 165.95 万吨，比上年增长 59.7%，进口额 82.25 亿美元，比上年增长 71.4%。主要进口来源国为巴西（占进口总量的 24.1%）、阿根廷（占 22.6%）、澳大利亚（占 18.5%）、乌拉圭（占 17.2%）、新西兰（占 12.9%），这五国进口量占总进口量的 95.3%；牛肉累计出口量 218.04 吨，比上年减少 49.7%，出口额 164.37 万美元，比上年减少 48.6%。主要出口朝鲜和我国香港地区。2010 年以来我国牛肉进出口情况见图 1。

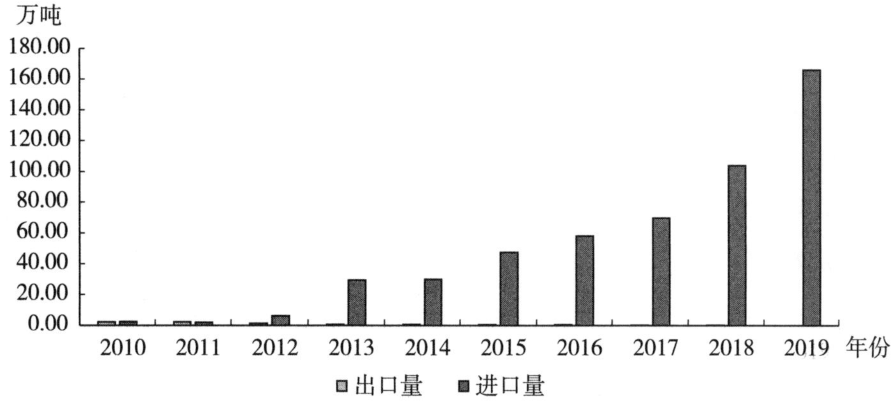

图 1　2010 年以来我国牛肉进出口情况

数据来源：中国海关总署。

2019 年 1～12 月，羊肉累计进口量 39.23 万吨，比上年增长 23.0%，进口额 18.61 亿美元，比上年增长 42.2%。主要进口来源国为新西兰（占进口总量的 53.4%）、澳大利亚（占 44.2%）；羊肉累计出口量为 1 954.28 吨，比上年减少 40.7%，出口额 2 147.70 万美元，比上年减少 35.9%。主要出口我国香港地区。2010 年以来我国羊肉进出口情况见图 2。

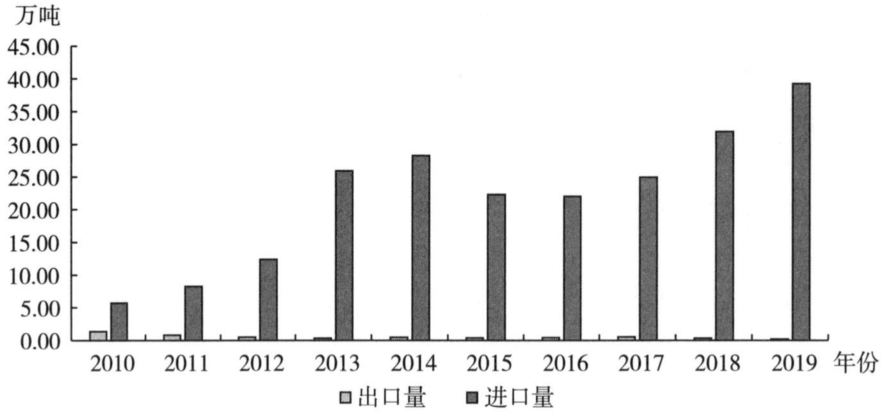

图 2　2010 年以来我国羊肉进出口情况

数据来源：中国海关总署。

（四）价格涨势明显

2019 年，牛羊肉价格走势与往年基本一致，全年呈现先涨后跌再涨的态势，全年价格处于高位运行，但有所不同的是 2019 年价格下跌时间短，只有 2 个月，上涨持续时间长且涨速较快。牛羊肉价格分别从 7 月、8 月开始达到 2002 年监测以来最高价格，之后连月创新高。2010—2019 年国内牛羊肉集市平均月价见图 3。

1～2 月，牛肉价格延续了上年的上涨趋势，尤其是 2 月在春节的消费带动下，价格达到上半年最高的每千克 69.98 元。3 月开始，肉类消费进入淡季，牛肉价格开始下跌，4 月，降至每千克 68.36 元，累计降幅 2.3%。5 月开始价格止跌回升，到 11 月已经连续 7 个月上涨，累计涨幅 18.9%，11 月价格达到每千克 82.28 元，环比上涨 2.8%，同比上涨 23.1%。12 月价格止涨回稳，每千克 82.17 元，环比下跌 0.1%，同比上涨 20.8%。

羊肉价格走势与牛肉基本一致，也是 1～2 月上涨，3～4 月下跌，5 月开

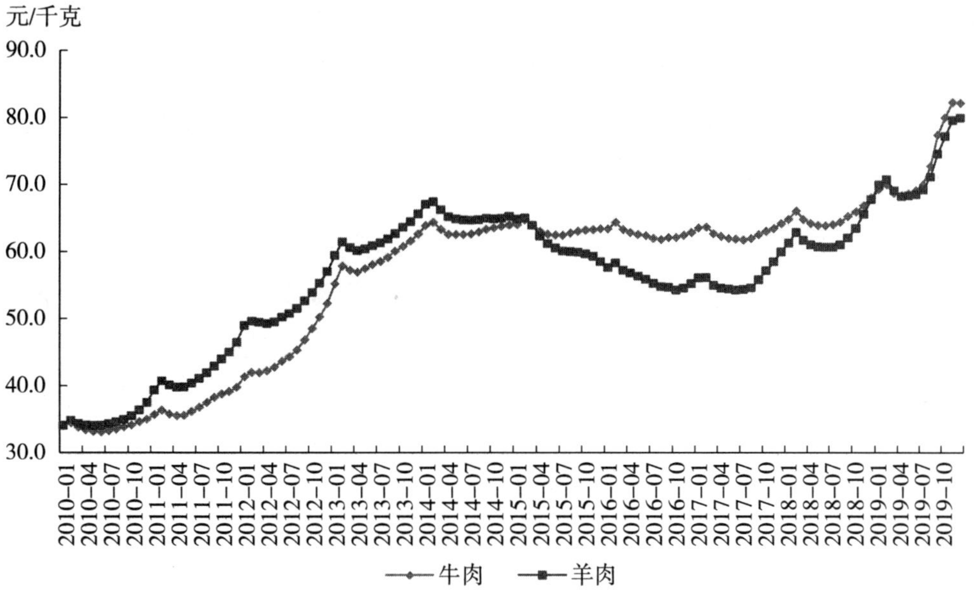

图3　2010—2019年国内牛羊肉集市平均月价

数据来源：农业农村部畜牧兽医局。

始回升，到11月已经连续7个月上涨，累计涨幅15.7%。11月价格达到每千克79.60元，环比上涨3.1%，同比上涨21.4%。12月价格继续小幅上涨，每千克79.94元，环比上涨0.4%，同比上涨18.0%。

总体来看，2019年牛羊肉价格基本符合往年走势，但上涨时间较往年有所提前，前5年牛羊肉价格都是从7月或7月之后开始上涨的，2019年提前到了5月。究其原因还是供给偏紧造成的。从需求看，国内对牛羊肉的消费需求保持较快增长，这既有消费水平提高、消费升级带来的刚性需求，也有非洲猪瘟影响带来的部分替代需求；从供给看，牛羊产业发展日益受到资源与环境压力的影响，产能增长遇到瓶颈。同时，养殖成本不断提高助推牛羊肉价格不断提高。另外，肉牛肉羊产业本身起步晚，还处在初级发展阶段，发展速度缓慢，养殖利润不稳定，价格上涨属于调整期的正常现象。

二、2020年市场走势预测

从春节前走势看，牛羊肉价格继续保持上涨。消费方面，牛羊肉消费需求呈季节性增加，价格上涨符合往年变化规律，加之猪肉价格走高导致替代消费不断增加。生产方面，国内牛羊肉产量继续增加。截至 2019 年 12 月底，全国牛、羊存栏分别为 9 138 万头、30 072 万只，同比分别增长 2.5%、1.2%。总体上看，2020 年初牛羊肉供应依旧偏紧，加之处于季节性消费旺季，预计春节前牛羊肉价格将保持上涨态势。

从 2020 年全年走势看，在没有疫情等突发事件下，牛羊肉价格有望继续保持高位，并呈现一定的季节性特征，1～2 月受春节、元宵节等节日消费需求拉动，牛羊肉价格将稳定上涨。3 月开始肉类消费整体略有下降，同时进入出栏淡季，牛羊肉价格下调但幅度不大。第四季度随着天气转凉，需求量逐步增加，价格也将呈现缓慢上涨趋势。总体来看，在限牧禁养、草原生态建设和环保政策等因素的影响下，牛羊存栏大幅增加的可能性不大，牛羊肉产量继续保持稳步增长；在城市化加快和居民消费升级的带动下，牛羊肉消费需求较旺，国内牛羊肉生产仍将保持偏紧态势，价格将在高位运行。随着我国牛羊进口来源国的不断扩大，以及外来产品入境合法化的进一步推进，活畜和牛羊肉的进口量将继续增加，全国牛羊肉市场供需偏紧态势将有所缓解，价格出现快速上涨的可能性不大。

三、值得关注的问题

（一）牛羊副产品降价，影响产业链条延伸

由于国家环保力度加大，近几年小型皮毛加工厂由于污水排放不达标纷纷关停，直接导致牛羊皮毛价格下降。据新疆肉羊养殖企业家马林反映，当前，新疆一张生羊皮只卖到 5 元左右一张，而且收购的客户寥寥无几。而在几年前当地一张生羊皮价格还是 15 元左右，根据皮子的质量不同，完整的还要更贵一些。纵观我国的皮毛加工业普遍存在规模小、环境技术力量薄弱、运行水平低的问题，但是不等企业升级改造，一味关停，将直接影响产业增值和牧民增收。面临缺少副产品加工，导致产品附加值不高的问题，政府应出台相关政策鼓励副产品加工企业改造升级，地方政府应帮助皮毛企业解决生产过程中的环境难题，让环保企业或第三方介入，为皮毛企业提供环境技术咨询服务，帮助

企业技术改造，使符合国家环保标准。

（二）品牌建设滞后，产品亟待升级

牛羊产业规模化程度不高，目前龙头企业还比较少，品牌化建设滞后，生产较为盲目，同质类产品繁多，产品品质不高，生产工艺落后。具体看，一是加工企业大多规模不高，现代化肉牛羊加工企业缺乏；二是市场监管机制不健全，私屠乱宰现象大量存在；三是牛羊肉产品大多没有通过国际肉类质量认证体系和建立追溯体系，不能够按照国际肉类生产标准生产，难以进入国际高端牛羊肉市场；四是市场营销网络和物流体系建设滞后，造成区域性供给不平衡，主销区价格波动等。

（三）牛肉进口继续增加，进口来源国竞争中国市场

牛肉进口来源呈现多元化，进口快速增加。2019年，牛肉进口量比上年增长59.7%。牛肉进口来源国纷纷争夺中国市场，1～12月进口阿根廷牛肉同比增长1.1倍，仅次于巴西，成为我国牛肉进口第二大来源国，同时，从智利、哥斯达黎加等国进口的牛肉同比均增一倍以上。进口来源国又新增纳米比亚、哈萨克斯坦、法国、塞尔维亚、匈牙利、巴拿马等，进口国达到了23个。当前，随着“一带一路”建设的持续推进，中国和新西兰自由贸易协定升级谈判结束，进口肉类指定口岸的逐步增建，2020年1月中美第一阶段贸易协议的正式签署，未来进口数量还会增长。进口产品的增多对国内产业势必会造成一定不利影响。

四、有关政策建议

（一）延伸产业链条，实现提质增效

运用先进适用技术改造牛羊传统优势产业，向精深加工和高端产品延伸产业链条，由单纯养殖向屠宰、肉品分割、熟肉制品加工、副产物加工等延伸，实现一二三产业融合。不但使传统产业实现增值、提质，更保护了环境，发展

了地方经济和提高了牧民收入。全产业链的构建不仅能够降低生产成本，提升盈利能力，增强企业的抗风险能力，而且可以提高产品质量和出口竞争力，提振我国产业实力。

（二）加强政府管理，推进品牌化建设

注重源头治理和产销过程监管，严厉打击肉类产品掺假、售假等违法违规行为。加快培育地方特色牛羊养殖、产品加工、流通销售等多种类型的区域性、全国性知名品牌，健全产品标准生产体系和产品质量追溯体系，打造一批有特色、有质量、有信誉的品牌，依靠品牌带动产业转型升级。同时，加大宣传力度，提升品牌知名度，实现优质优价。

（三）国内产业转型升级，利用国外资源做补充

在国内面临资源环境约束和消费需求不断增加的压力下，保障我国牛羊肉有效供给必须着眼于国内、国外两种资源、两个市场。除了扩大进口来源渠道之外，更要鼓励国内企业“走出去”养殖、种草、加工等，推动有实力的企业进行投资、兼并、合作。例如，我国新希望企业收购澳大利亚第三大牛企 Kilcoy 畜牧业公司（KPC），每年可加工逾 26 万头谷饲牛，现在中国资本加入并购，正逐步取代欧美资本对当地农牧业的影响，也改变了澳大利亚向中国肉类出口的格局。同时，还要继续严厉打击活畜、冻品走私，加强对进口产品的质量安全监管和牲畜疫病防控。

2019年禽肉市场形势分析及2020年展望

中国农业科学院农业信息研究所　张　莉

2019年，在非洲猪瘟的影响下，禽肉生产快速扩张，产量显著增加。据国家统计局数据显示，全年禽肉产量2 239万吨，同比增长12.3%。禽肉价格高位运行，基本呈前低后高走势，特别是下半年受季节性消费因素影响以及猪肉价格的快速上涨带动，禽肉价格持续攀升。禽肉进口明显增加，增幅接近60%，进口来源多元化趋势进一步显现，禽肉贸易由顺差转为逆差。由于市场价格上涨，肉禽养殖整体保持较好效益，全产业链盈利水平较高，行业景气度空前高涨。受生猪供应减少，价格维持高位的影响，预计2020年禽肉市场在强劲的消费需求拉动下，继续保持高位运行。但受生猪生产稳步恢复，市场供应增加影响，下半年禽肉市场价格将会理性回归，缺乏持续上涨的动力。此外，由于中国对美国禽肉进口开放，进口增加的可能性较大，将会一定程度上压制国内市场价格。肉禽产业长期面临产能平衡的困境，经过2019年的快速扩张，随着新增产能的逐步释放，市场供给大幅增加，需谨防产能过剩，行业面临亏损的风险。

一、2019年市场形势回顾

（一）禽肉产量明显增加

非洲猪瘟疫情背景下，禽肉生产形势向好。由于国内猪肉供给明显下降，市场对禽肉等替代品的需求增加，刺激肉禽产业快速扩张。国家统计局数据显示，2019年全国家禽出栏量146.41亿只，比上年增长11.9%；禽肉产量2 239万吨，比上年增长12.3%。

分产业来看，白羽肉鸡、黄羽肉鸡、肉鸭等水禽产量均呈增加态势。据中国畜牧业协会监测，2019全国白羽肉鸡祖代种鸡平均存栏量140万套（一套祖代种鸡指1只D系母鸡，配相应的A、B、C系，举例：100套祖代种鸡是由100只D系母鸡，26.5只C系公鸡，35只B系母鸡，10.5只A系公鸡组成），比2018年平均存栏量增长21.1%。其中，后备祖代种鸡存栏量增加幅度较大，平均存栏量57万套，比2018年平均存栏量增长56.2%。在产祖代种鸡存栏量平均约为83万套，比2018年增长4.9%。父母代种鸡存栏量2 534万套，比2018年增长9.7%，其中，在产父母代种鸡存栏量1 574万套（100套父母代种鸡指100只母鸡配10～15只公鸡），比2018年增长12.0%。从商品代鸡苗销售量来看，全年销量同比增长10.7%，推算全国白羽肉鸡出栏量增长10%左右。

黄羽肉鸡产能稳步增加，出栏量增加。据中国畜牧业协会监测，祖代种鸡存栏量处于历史最高水平，其中在产祖代种鸡存栏量138万套，比2018年增长6.4%。1～12月，商品代鸡苗销量同比增长12.3%，推算全国黄羽肉鸡出栏量增长15%左右。随着猪肉价格的上行，水禽对猪肉消费的替代效应逐步显现，在市场需求旺盛的拉动下，肉鸭等水禽产量也显著增加。据国家水禽产业体系的数据统计，肉鸭总出栏约44.3亿只，比上年增长33.2%，鸭肉产量944.44万吨，比上年增长33.8%。

（二）价格快速上涨，创历史新高

禽肉市场偏强运行，价格明显高于上年同期水平，处于历史最高位。据农业农村部畜牧兽医局500个集贸市场监测数据显示，2019年活鸡和白条鸡的平均价格分别为每千克21.47元和22.20元，比上年上涨13.7%和15.6%。与2018年的价格涨幅相比，分别扩大4.9个百分点和8.5个百分点。

禽肉市场运行的主旋律是价格显著上涨，特别是下半年以来上涨速度较快。1月在春节消费的拉动下，价格上涨，2～3月价格季节性回落，4月价格企稳，5～11 月持续上涨 7 个月，12 月止涨回落。从季度价格看，活鸡价格在第二季度略有走低，第三、四季度价格持续走高，白条鸡价格则节节攀高。第四季度活鸡和白条鸡价格分别比第一季度价格上涨 23.2%和 26.6%。2015—2019 年白条鸡价格变动趋势见图 1。

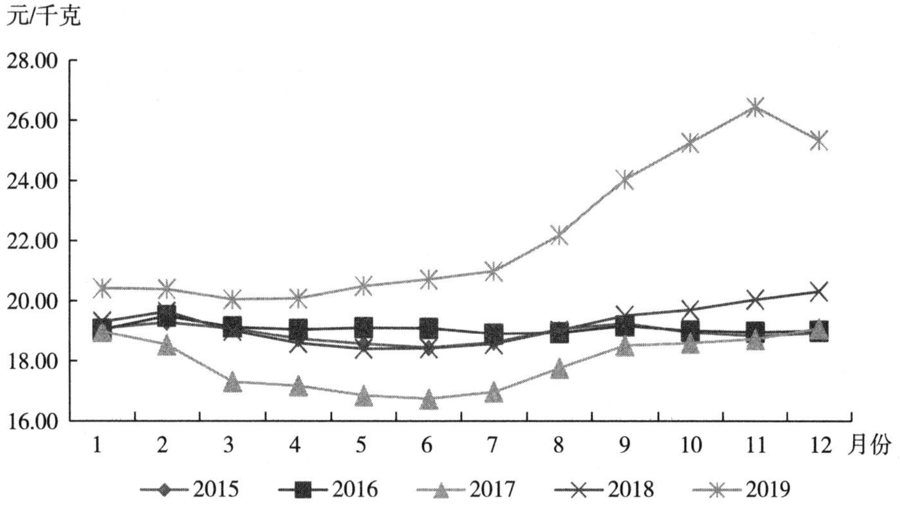

图 1　2015—2019 年白条鸡月度价格变动趋势

数据来源：农业农村部畜牧兽医局。

（三）禽肉进口激增，贸易顺差转逆差

禽肉产品贸易自 8 月起由顺差转逆差，且逆差额逐步扩大，全年贸易逆差 2.16 亿美元。我国主要进口禽肉及杂碎，出口加工禽肉。2019 年，禽肉（包括杂碎，下同）进口量 79.51 万吨，比上年增长 57.8%，进口额 20.13 亿美元，比上年增 76.6%；出口量 21.76 万吨，同比减少 1.6%，出口额 6.25 亿美元，同比增长 7.8%。从月度进出口情况来看，进口量基本呈波动增加趋势，第四季度进口增加势头强劲，11、12 月环比分别增长 15.7%和 10.1%；出口量波动性较大，12 月增加显著，环比增长 46.7%。加工禽肉出口 29.47 万吨，同比减少 0.8%，出口额 12.15 亿美元，同比减少 1.0%。种禽进口 83.91 吨，同比增长 43.1%，进口额 3 935.93 万美元，同比增长 37.6%。2019 年禽肉进出口月度变动趋势见图 2。

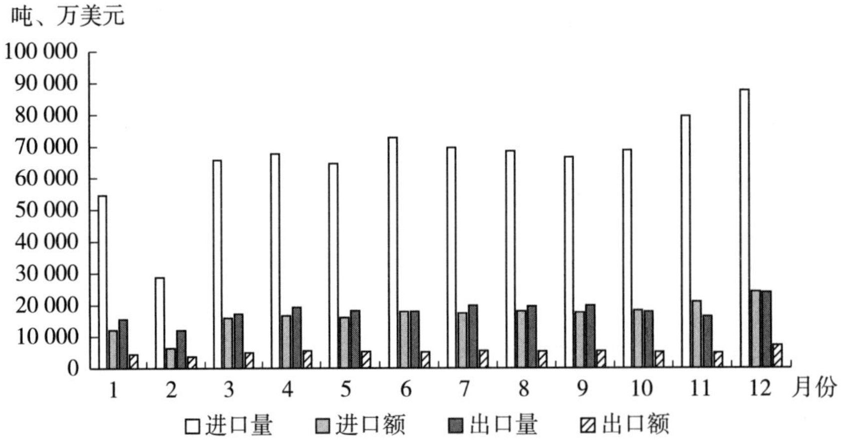

图 2　2019 年禽肉进出口月度变动趋势

数据来源：中国海关总署。

（四）进口来源国多样化

禽肉进口来源国多样化趋势日益显现，主要从巴西、阿根廷、泰国、智利等国家进口。由于对巴西进口产品采取缴纳保证金的措施，进口占比下降至67.6%。2018 年从巴西、阿根廷和智利等南美三国合计进口量占进口总量的96.5%，2019 年下降至 82.8%。我国继续增加从泰国、俄罗斯、波兰、白俄罗斯等国家的禽肉进口，占比分别为 8.9%、4.4%、2.7%、1.1%。此外，还从法国、匈牙利少量进口。种禽进口主要来自新西兰、波兰和加拿大，所占份额分别为 61.5%、32.0%和 6.5%（图 3）。

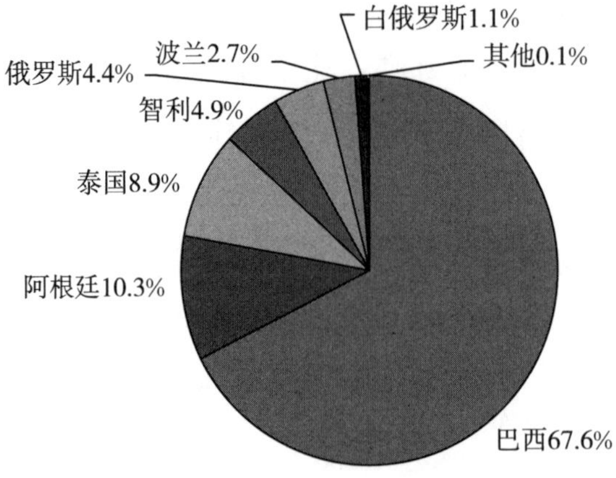

图 3　2019 年禽肉进口来源国分布

数据来源：中国海关总署。

(五) 养殖效益整体处于高盈利水平

肉禽养殖成本有所抬升，特别是肉雏鸡成本，但养殖整体处于盈利水平。据农业农村部畜牧兽医局监测，商品代肉雏鸡平均价格为每只 5.12 元，同比上涨 56.3%；肉鸡饲料平均价格为每千克 3.13 元，同比上涨 0.5%。年内肉雏鸡价格基本呈持续攀高态势，6、7 月出现短暂的回落，10 月第 5 周价格达到每只 7.2 元的历史最高值，11 月价格略有回落，但月度均价仍保持上涨趋势，12 月价格止涨回落。整体上，由于养殖企业（户）补栏热情较高，肉雏鸡供应偏紧，支撑价格不断上行。尽管肉雏鸡成本大幅上升，但毛鸡收购价格也明显上涨，养殖总体处于盈利水平。年内养殖效益曾出现过波动，毛鸡收购价格在 6～7 月、11、12 月经历了明显的下跌，导致效益下滑甚至亏本，从全年平均来看养殖利润比较丰厚。

从产业链不同环节看，白羽肉鸡上游种鸡供给偏紧，祖代企业的父母代鸡苗销量增加，销售价格大幅上涨，同比上涨 77.1%，获利颇丰。父母代企业的商品代鸡苗销量也大增，平均销售价格为每只 6.88 元，涨幅达 86.1%，同样获利较多。全国各类型黄羽商品代雏鸡平均成本约每只 1.68 元，每只雏鸡平均可盈利近 2 元，效益可观。快速型、中速型和慢速型黄羽肉鸡的养殖效益达到每只鸡 5～6 元。

二、2020 年市场走势预测

2019 年，在非洲猪瘟疫情的影响下，禽肉市场价格达到历史空前高位。预计 2020 年仍将高位运行，但涨幅明显收窄。上半年行情强于下半年行情，主要出于两大因素考虑：一是生猪复产工作的不断推进，排除非洲猪瘟再次暴发的情况下，猪肉供给将稳步增加；二是 2019 年种禽企业不断扩张产能，对应肉禽出栏主要集中在 2020 年下半年。

具体来看，2020 年春节后，禽肉市场行情有望走出逆势的利好。按照往年消费规律，春节后消费需求疲软，禽肉价格不振。但 2020 年春节期间会消耗掉大量库存肉类，春节后将处于肉类供给偏紧时期。再加上 2019 年 11、12 月肉鸡行情低迷出现亏本，养殖企业（户）补栏积极性偏差，春节后出栏量将有所减少，预计春节后行情有望逆转往年规律。5 月后，由于种鸡量的持续增加，势必给后期市场带来较大压力，市场价格或将出现一定程度的下跌。

综合判断，如果非洲猪瘟疫情控制平稳，不发生其他重大突发事件，2020 年禽肉市场有望回归，价格涨势趋缓。上半年受消费需求拉动，支撑价格较高位运行；下半年供给偏松，价格理性调整。预计 2020 年禽肉价格在每千克 21～24 元。

三、值得关注的问题

（一）产业产能扩张和发展质量的协调

2019 年，我国肉禽产能显著增加。白羽肉鸡方面，上半年在产父母代种鸡存栏量同比增幅较大，部分是强制换羽的结果，下半年后备父母代种鸡存栏量逐步增加。黄羽肉鸡方面，祖代种鸡存栏量破历史高位，父母代种鸡亦呈递增势头。近两年受引种限制影响，国内大量强制换羽导致种鸡和商品代雏鸡质量下降的问题凸显。种鸡死亡率高，产蛋率下降；商品鸡养殖难度增加，导致养殖户用药不规范的现象加重，影响了产业发展质量。在产能扩张的同时，保证发展质量成为产业必须警惕的问题。

（二）非洲猪瘟疫情对市场行情影响的持续性

非洲猪瘟疫情短时间内无法根除，疫情的发生具有很大的不确定性。非洲猪瘟对我国生猪生产的影响将会传导到禽肉市场。尽管目前在国家一揽子政策措施的推动下，生猪产能和生产企稳向好，但最终的恢复情况还有待观察。如果短时间内疫情控制平稳，对生猪市场行情的影响趋弱，必将波及禽肉市场，产业面临供给过剩的风险；如果疫情再次复发，生猪生产恢复缓慢，将会继续抬升禽肉市场价格。非洲猪瘟疫情对市场行情的影响时间长短需密切跟踪监测。

（三）中美贸易谈判进程带来不确定性影响

2018 年以来，中美经贸摩擦不断升级，双方先后三次加征关税，加征关税项目清单中均涉及禽肉产品。在 2019 年 6 月 1 日实施加征 10%关税后，中国对美国加工火鸡肉和鸡胸肉的加征关税税率达到 15%。但经过多轮的贸易磋商谈判，2019 年 11 月，中国解除了对美国禽肉的进口禁令，这意味着美国禽肉产品在 5 年后再次进入中国市场。在国内市场价格高涨的情况下，开放美国市场可能会加速中国禽肉进口增加，进而冲击国内市场，一定程度上会平抑国内价格。

四、有关政策建议

（一）加大肉禽品种自主培育力度

尽管中国已对美国开关，但我国肉鸡种源严重依赖进口的局面必须改变。近年来，我国相继出台《全国肉鸡遗传改良计划》《全国水禽遗传改良计划》，明确了遗传改良的思路和重点任务。面对中美经贸摩擦，更应加快肉禽良种培育步伐，提升我国肉禽种业发展水平和创新能力，增强国际市场竞争力，促进肉禽产业健康、稳定、持续发展。

（二）加快产业转型升级，提高抗风险能力

通过不断推进规模化、标准化养殖场建设，提升肉禽养殖的规模化、集约化水平。加强科技创新，积极应用现代化信息技术，提升生产质量与效益。为大型龙头企业提供优惠扶持政策，引导产业转型升级，创新发展。鼓励肉禽企业在保证供给的前提下，加大品牌建设、提高屠宰加工等能力，促进禽肉产品消费。同时，强化全产业链、一体化生产，创建多种生产管理防护机制，提高抵御市场波动风险的能力。

（三）鼓励产业积极开拓国外市场

在国内需求旺盛的带动下，我国禽肉贸易已由顺差转为逆差。对美开放禽肉市场，进口增加的可能性加大。与此同时，根据中美第一阶段经贸协定，美国也将对中国开放熟制禽肉产品市场，因此我国肉禽产业要抓住历史机遇，积极推进扩大产品出口。在对全球其他国家和地区开放国内市场的同时，政府应出台相应的对外合作支持政策，鼓励企业优化供应链，积极走出去，扩大全球贸易投资。

2019 年禽蛋市场形势分析及 2020 年展望

中国农业科学院农业信息研究所　熊　露　张　超

一、2019 年市场形势回顾

（一）鸡蛋市场供应整体较为稳定，阶段性波动明显

2019 年，我国蛋鸡行业发展稳定，规模养殖逐步形成，蛋鸡产能恢复明显。全年鸡蛋市场供应整体较为稳定，在产蛋鸡平均存栏略有增加。据监测，2019 年在产蛋鸡月平均存栏量 10.47 亿只，同比增长 3.7%。鸡蛋市场供应阶段性波动明显。具体来看，1～3 月，产蛋鸡存栏小幅恢复，鸡蛋产量小幅增加，市场供应较为充足；2019 年二季度以来，高温天气影响蛋鸡产能，加之肉鸡价格持续上涨，蛋鸡淘汰速度加快，鸡蛋市场供应阶段性偏紧；下半年，鸡蛋价格持续高涨，在蛋鸡养殖超长盈利周期影响下，养殖户补栏积极性高涨，加之非洲猪瘟疫情有所减缓，蛋鸡整体出栏处于稳中有增态势，同时，随着蛋鸡产能的逐步恢复，鸡蛋供应量呈现震荡上行态势。

（二）鸡蛋消费季节性波动，整体需求增加明显

2019 年鸡蛋消费需求呈季节性波动，整体消费需求增加明显。具体来看，1～3 月，经销商提前采购备货元旦、春节，大中院校放假及农民工团体返乡过春节，团体消费显著减少，鸡蛋市场需求较为平淡；4～5 月，随着端午节的临近，经销商开始备货，鸡蛋季节性需求有所增加，加之猪肉价格持续上

涨，鸡蛋替代消费有所增加；进入 8 月以来，猪肉、禽肉等肉类产品价格持续高位运行，鸡蛋替代消费效应显现，加之国庆、中秋双节等利好因素影响，鸡蛋季节性消费需求明显增加。总的来看，2019 年，鸡蛋替代效应增强，消费需求较 2018 年增加明显。

（三）蛋价震荡走高后高位运行，二季度以来明显高于 2018 年同期

2019 年，我国禽蛋市场整体供需偏紧，鸡蛋价格整体呈现持续震荡走高后保持高位运行态势。据农业农村部统计，鸡蛋零售价和主产省批发价分别为每千克 10.72 元和 9.22 元，同比分别上涨 8.1%、7.7%。具体来看，截至 3 月，因需求平淡，蛋价季节性回落至全年最低点，零售价、批发价分别为每千克 8.99 元和 7.02 元，同比分别下跌 5.2%、9.1%；4 月开始，在猪肉、禽肉等肉类价格上涨的带动下，鸡蛋价格进入上行通道，5 月，蛋价上涨幅度较大，零售价、批发价分别为每千克 9.95 元、8.73 元，环比分别上涨 8.6%、15.0%，同比分别上涨 9.1%、13.3%；8～9 月，蛋价出现第二轮强劲上涨，9 月，鸡蛋批发价涨至全年最高点，为每千克 11.43 元，同比上涨 16.2%，其中 9 月第 2 周，鸡蛋零售价为每千克 12.39 元，突破近 6 年的历史高点（2014 年 9 月第 2 周每千克 12.24 元）；10 月，鸡蛋零售价格上涨幅度明显放缓，批发价开始出现小幅下跌，鸡蛋零售价达到全年最高点，为每千克 12.49 元，同比上涨 19.8%；11 月开始，鸡蛋零售价结束连续 7 个月上涨，出现小幅回落，截至 12 月，零售价、批发价分别为每千克 11.63 元和 9.64 元，较 2019 年最高点分别下跌 6.9%、15.6%。

（四）蛋鸡养殖效益持续向好，蛋料比价创近年新高

2019 年，蛋雏鸡、玉米等产品价格均有不同程度的上涨，但在鸡蛋价格大幅上涨的利好下，全年蛋鸡养殖处于盈利状态。据统计，2019 年，全国蛋雏鸡均价为每羽 4.03 元，同比上涨 19.9%；玉米均价为每千克 2.08 元，同比上涨 2.1%；豆粕均价为每千克 3.23 元，同比下跌 5.6%；蛋鸡配合饲料均价为每千克 2.87 元，同比上涨 0.2%；全年蛋料比价均值为 3.74（蛋鸡养殖效

益平衡点为 3.0)，同比上涨 7.9%。其中，5 月蛋料比价突破 3.5，进入 9 月之后，蛋料比价均达到 4.0 以上。

（五）禽蛋进出口均增加，贸易顺差持续

2019 年 1～12 月，我国禽蛋进出口均增加。其中，进口方面，进口量为 24.04 吨，比上年同期增长 7.98 倍；进口额为 15.94 万美元，比上年同期增长 9.46 倍。出口方面，出口量为 10.08 万吨，同比增长 1.2%；出口额 1.91 亿美元，同比增长 1.6%。贸易顺差额 1.90 亿美元，同比增长 1.5%。

二、2020 年市场走势预测

（一）预计蛋鸡存栏以稳为主

2019 年，蛋鸡养殖效益较好，种鸡盈利较高，养殖企业增产积极性高，目前蛋鸡存栏达到高位。后期，蛋雏鸡、玉米等产品价格均表现出不同程度的上涨趋势，蛋鸡养殖成本将小幅上涨，非洲猪瘟疫情得到有效控制，生猪产能逐渐恢复，禽肉、禽蛋市场行情可能出现震荡，影响养殖户淘汰、补栏情绪，预计 2020 年在无重大疫情影响下，全年蛋鸡存栏量将呈现以稳为主的趋势。

（二）预计 2020 年鸡蛋价格总体高位运行

2019 年，猪肉、禽肉等肉类价格大幅上涨，对蛋价形成了强有力的支撑，鸡蛋价格走势与猪肉价格表现出一定程度上的相关性。预计 2020 年鸡蛋价格总体高位运行，蛋鸡养殖效益持续向好。但猪肉、禽肉市场行情因非洲猪瘟、国际市场冲击等因素影响存在多种不确定性，从而鸡蛋价格可能呈现高位震荡运行态势。2020 年下半年，在生猪产能基本恢复的前提下，蛋价可能有所回落。

三、值得关注的问题

（一）禽蛋精深加工水平有待进一步提高

中国是世界上最大的蛋品生产国和消费国，高效的禽蛋精深加工对于减缓禽蛋市场供需波动、促进禽蛋产业健康发展具有重要意义。但受制于禽蛋产业化水平、技术水平以及居民消费习惯等因素，我国的禽蛋加工水平较发达国家还有较大差距。一方面，营养和功能现代化的蛋制品技术薄弱，导致禽蛋精深加工能力不足，高附加值产品较少，副产物综合利用不够。另一方面，由于消费者目前还未形成消费深加工蛋制品的习惯，深加工产品在国内市场消费空间有限，深加工企业进行研发创新投入的内生动力不足。

（二）禽蛋品牌建设有待进一步加强

鸡蛋品牌化是我国蛋鸡产业发展的大势，在国家推进一二三产融合和居民食物结构升级期，鸡蛋品牌建设机遇良好，整个蛋鸡行业处于鸡蛋品牌化的快速发展期。但是，从目前发展现状来看，鸡蛋品牌化水平仍低于美日等鸡蛋生产强国，同时也低于国内奶业、生猪等畜牧业品牌化水平。鲜蛋从外观上很难判断产品优劣，生产日期、产地等基本信息缺失，给鸡蛋质量溯源、品质监管等带来了困难。蛋制品缺乏领导品牌，生产企业主要以价格为竞争手段。消费者的品牌意识普遍比较薄弱，尚未形成消费标准和消费认知。

（三）后期鸡蛋市场供应偏宽松

蛋鸡产能快速增长主要受周期性、阶段性因素影响。蛋鸡产业出现较大亏损后，部分企业退出市场，产业开始逐步复苏，蛋鸡养殖效益好转，因行业监测预警体系不完善，市场信息不对称，部分养殖企业顺势补栏和进入市场，随着产能过度扩张，供过于求的局面再次出现，导致行业再度进入萧条。目前在猪肉价格持续高位运行及生猪生产后期复苏情况不确定的双重影响下，禽肉、禽蛋对猪肉消费的替代效应逐步凸显，且家禽行业生产周期较短、投入见效快，蛋鸡行业进入盈利周期，养殖企业补栏积极性较高，规模化养殖企业不断进入市场，蛋种鸡企业积极布局，后期鸡蛋市场供应偏宽松。

四、有关政策建议

（一）“双轮驱动”提升禽蛋深加工水平

从供给端和需求端同时发力，推动禽蛋加工能力持续提升。一方面，鼓励科研机构与蛋鸡产业链企业进行深度对接，瞄准企业需求开展加工技术研发创新，提高禽蛋产业深加工的科技创新水平，重点提升蛋制品加工设备自主创新以及与国际接轨的水平，完善蛋制品标准及检测方法，推动最新的研究成果进行转化、示范、推广。另一方面，向民众科普蛋制品相关知识，助力消费者认识到禽蛋除固有消费形式以外的使用价值，从而提高禽蛋深加工制品的接受度。

（二）多措并举推动鸡蛋品牌建设

鼓励地方整合涉农资金，集中力量支持鸡蛋品牌建设的重点区域和关键环节，撬动社会资本参与品牌建设。加快建设国家标准，对“土鸡蛋”“生态蛋”“功能鸡蛋”等规范管理，促进蛋品行业更加有序、安全、绿色发展。支持借助现代信息技术，拓宽品牌流通渠道，推动传统营销和现代营销相融合。支持有条件的企业“走出去”，鼓励参加国际知名农业展会，提升鸡蛋品牌的影响力和渗透力。

（三）建议养殖企业合理补栏，理性进入行业

蛋鸡养殖企业应密切关注鸡蛋市场行情，以及猪肉、禽肉等肉类市场行情，理性看待鸡蛋价格涨跌，制订合理的补栏计划，保持合理的养殖规模，努力提高养殖技术水平，做好防疫工作，提高蛋鸡产蛋率，适时适度进行补栏。从业者在进入行业之前，应在充分进行市场调研和掌握供需关系的基础上做出理性决策，不能盲目跟风。

（四）构建禽蛋全产业链监测预警体系，推动禽蛋产业高质量发展

推进物联网、大数据、移动互联网等现代信息化技术在禽蛋全产业链的集

成应用，构建涵盖禽蛋生产、市场、贸易等各环节的全产业链监测预警体系，建立现代信息技术支撑下的存栏量、成本、产量、价格、消费量、加工量、贸易量等数据获取、挖掘、分析与服务体系，支撑禽蛋产业实现现代生产精准决策，保障质量安全，促进产销精准匹配，及时发布预警分析信息，引导市场预期，推动禽蛋产业高质量发展。

2019 年牛奶市场形势分析及 2020 年展望

中国农业科学院农业信息研究所　王东杰　董晓霞

2019 年生鲜乳产量创近 5 年新高，乳制品加工量继续增加，消费稳步增长，进口持续增长，生鲜乳收购价和鲜奶、奶粉零售价格均出现上涨。展望 2020 年，预计国内生鲜乳收购价先跌后涨，全年将保持高位运行，国际奶价在供给偏紧情况下也将维持震荡上行趋势。

一、2019 年市场形势回顾

（一）牛奶产量增速创近 5 年新高，乳制品加工量继续增加

2019 年，在奶业振兴背景下，中国优质奶源基地建设和中小奶牛养殖场改造不断推进，养殖效益增加明显，助推中国奶业生产稳步增长。全年奶类产量估计为 3 305 万吨[①]，较 2018 年增长 4.0%；牛奶产量 3 201 万吨，较 2018 年增长 4.1%，增速创下了近五年新高。

乳制品加工量继续增长，液态奶加工量增长快于干乳制品。据国家统计局数据，2019 年全国奶制品加工量 2 719.40 万吨，较上年增长 5.6%。其中液态奶产量 2 537.67 万吨，较上年增长 5.8%；干乳制品产量 181.7 万吨，同比增长 2.5%；奶粉产量 105.24 万吨，较上年增长 2.4%。分省来看，河北乳制品加工量排第一，占全国的 13.1%，依次分别为内蒙古、山东、河南、黑龙

① 目前国家统计局仅公布了 2019 年牛奶产量，奶类产量正式数据尚未发布，文中为估计数。

江，排名前五的省占全国总产量的 45.1%。2009—2019 年牛奶和乳制品产量见图 1。

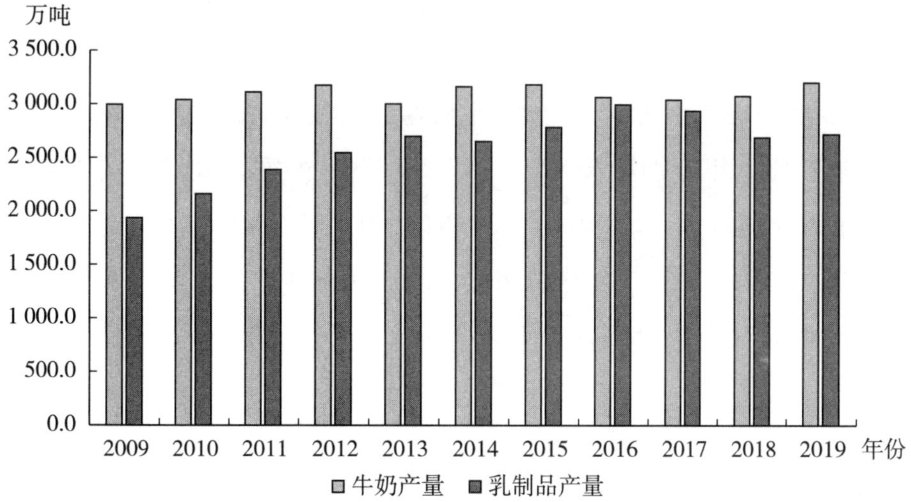

图 1　2009—2019 年牛奶和乳制品产量

数据来源：国家统计局。

(二) 消费量继续提升，消费结构明显优化

乳制品消费总量继续稳定增加。据测算，2019 年全国乳制品消费总量（折合生鲜乳，下同）4 948 万吨，与 2018 年相比增长 4.3%。其中，城乡居民食用消费量（含乳饮料、冰淇淋、蛋糕等食品中乳制品消费量，下同）为 4 475 万吨，与 2018 年相比增长 4.7%。2019 年人均奶乳制品食用消费量为 31.96 千克，较上年增长 4.4%。乳制品产品极大丰富，消费向个性化、多元化方向发展。在液态奶中常温奶依然占据绝对优势，但低温奶、低温酸奶整体仍保持扩张态势；奶粉消费依然稳健，奶酪消费逐步被大众认可，成为市场追逐的热点品种。

(三) 进口同比继续增长，鲜奶进口增长迅猛

据中国海关总署统计，2019 年中国累计进口乳制品（含婴幼儿配方奶粉）297.34 万吨（折合生鲜乳 1 660 万吨，自给率降至 66.6%），与 2018 年相比增长 12.8%，进口额 111.28 亿美元，较 2018 年增长 10.8%。乳制品出口量

5.42 万吨，比上年增长 1.4%；出口额 4.31 亿美元，比 2018 年增长 23.9%。进口来源地仍以新西兰（占乳制品进口总量的 41.9%）、德国（占 12.6%）、澳大利亚（占 7.6%）、法国（6.4%）、美国（6.1%）、荷兰（6.0%）、波兰（3.9%）和爱尔兰（3.4%）等国家为主。

分品种看，2019 年鲜奶和生鲜乳粉增长迅猛，分别进口 89.07 万吨和 101.48 万吨，比上年分别增长 32.3%和 26.6%；酸奶、婴幼儿配方奶粉和奶酪小幅增加，分别进口 3.37 万吨、34.54 万吨和 11.49 万吨，比上年分别增长 9.3%、6.9%和 6.1%；乳清粉和黄油均大幅减少，进口量分别为 45.36 万吨和 8.56 万吨，比上年分别减少 18.6%和 24.5%（图 2）。

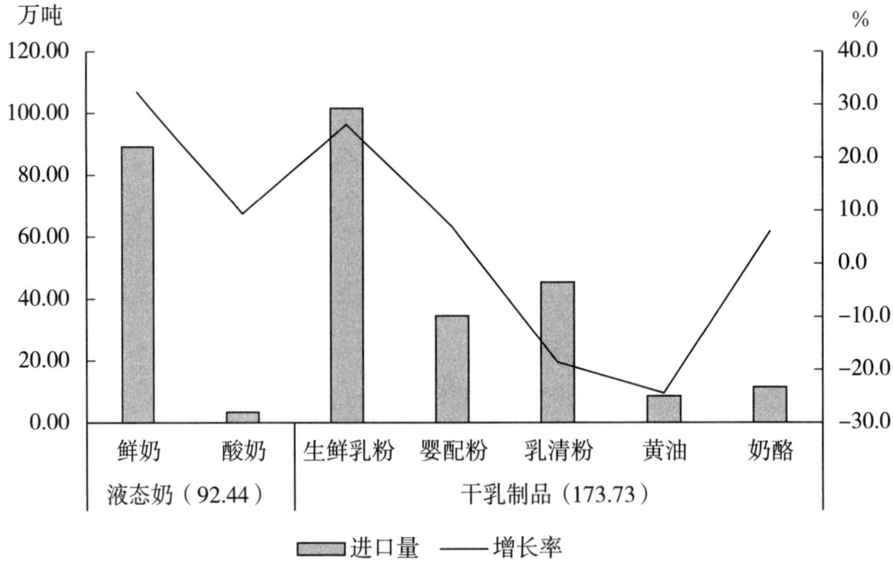

图 2　2019 年奶制品进口情况

数据来源：中国海关总署。

（四）生鲜乳收购价创近 5 年新高，鲜奶和奶粉零售价明显上涨

生鲜乳收购价先跌后涨，全年价格创新高。受国内奶牛存栏量下降、环保因素等影响，造成南方地区缺奶，生鲜乳供应偏紧助推价格持续上涨。据农业农村部数据，2019 年我国生鲜乳收购价为 3.65 元/千克，比上年上涨 5.5%，创近 5 年以来新高。全年价格走势呈现 2～5 月下跌，6～12 月上涨的走势。

鲜奶零售价小幅上涨，国产奶粉零售大幅上涨。根据中国价格信息网监测，2019 年全国监测城市鲜奶零售平均价格每千克 10.73 元，比 2018 年上涨 1.3%。其中，袋装鲜奶和盒装鲜奶平均零售价均上涨 1.3%。同期，三段幼儿配方牛奶粉平均零售价格每千克 208.92 元，比上年上涨 5.4%。其中，国产三段幼儿配方牛奶粉零售价上涨 10.8%，远高于进口三段幼儿配方牛奶粉 1.5%的涨幅。

表 1　2018—2019 年原料奶、鲜奶和奶粉价格变化

单位：元/千克、%

年份	原料奶	鲜奶			奶粉		
		平均	袋装	盒装	平均	国产	进口
2019	3.65	10.73	9.86	11.61	208.92	185.87	231.96
2018	3.46	10.59	9.73	11.45	198.17	167.70	228.64
变化率	5.50	1.3	1.3	1.3	5.4	10.8	1.5

二、2020 年市场走势预测

（一）国内生鲜乳收购价将先跌后涨，南北差异将有所扩大

展望 2020 年，一季度受新冠肺炎疫情影响，短期内中小牧场饲料供应和原料奶交售面临巨大挑战，各地封闭防控，造成乳制品线下销售不畅，消费减少，叠加一季度消费淡季，预计国内市场生鲜乳价格将出现下降。但从全年来看，由于近年来中小规模养殖户退出行业较多，奶牛头数与牧场数量持续减少，2020 年供需相对偏紧，叠加环保等因素将推动生产成本上升。受气候、饲草资源以及环保政策趋严等影响，中国奶源数量南北的差异将继续存在，“北奶南运”依然是流通常态，在疫情影响下，南方生鲜乳价格上涨幅度可能会高于北方，区域间的差异将较为明显。

（二）国际市场乳制品价格将震荡上行

国际市场，供应相对偏紧，2019 年 1～10 月，美国和欧盟生鲜乳产量同

比分别增长 0.3%和 0.4%，澳大利亚、新西兰、阿根廷、乌克兰、乌拉圭和智利产量分别减少 7.8%、1.0%、3.2%、3.9%、5.3%和 2.6%，综合来看，国际奶业主产国产量比上年同期略减，国际市场供给相对偏紧。根据国际乳品拍卖平台（GDT）拍卖价格指数，自 9 月以来拍卖价格指数持续上涨，尤其是脱脂奶粉上涨较为明显。预计四季度，国际乳制品市场价格将继续保持震荡上行趋势。

三、值得关注的问题

（一）产品供需结构不平衡

我国乳制品消费中存在液态奶多、干乳制品少的问题。在液态奶消费中，又存在常温灭菌乳多，巴氏杀菌乳少。因为巴氏杀菌乳对奶源质量要求很高，总量不大，尤其是偏远地区仍以常温奶为主。在干乳制品中，我国奶粉的消费较多，但奶酪、乳清粉、黄油等干乳制品的消费不充分，生产工艺还不配套，居民的消费习惯尚未养成。

（二）行业高集中度可能会压制生鲜乳价格

2018 年，乳业 20 强（D20）企业销售额 2 350 亿元，占乳制品销售总额的 69%，拿下近 7 成市场。我国乳制品加工行业寡头垄断市场的特征愈发明显，中国奶业市场正在逐步迈向寡头垄断市场。目前我国奶业尚未建立稳定的养殖加工利益联结机制，产业链上下游、产加销的不平衡状况依然存在。乳制品企业和奶农的话语权仍然不对等，构建公平合理的生鲜乳收购秩序，推广生鲜乳价格协商和生鲜乳质量第三方检测制度，善待奶农、让利养殖端，仍然任重道远。

（三）开放条件下国内产业安全压力凸显

中国作为全球最大的乳品进口国，成为外资乳品巨头加速深耕的市场。中国国际进口博览会（以下称进博会）吸引了全世界重要的乳制品龙头企业，2019 年进博会上恒天然集团与包括阿里巴巴、京东、新希望等中国企业签约

182.2亿元。进博会的溢出效应和跨境电商的便利化措施，使得国外的乳制品很快进入中国市场，近五年来中国市场80%的新增需求被国外品牌占据。而根据《中国-新西兰自由贸易协定》《中国-澳大利亚自由贸易协定》的有关规定，中国从新西兰和澳大利亚进口乳制品的关税将降低为零，新西兰和澳大利亚的乳制品将更加具有竞争性，这对国内奶业的生产带来了更严重和更紧迫的压力。

四、有关政策建议

（一）加强基础创新，提升奶业竞争力

创新是奶业发展的不竭动力，与发达国家相比，我国奶业在产品、技术和经营管理等方面还存在一定差距。建议：一是强化产品创新，不断优化乳制品结构，大力发展低温乳制品，增加奶酪、黄油等干乳制品生产，形成差异化竞争新优势；二是强化技术创新，加强良种繁育、奶牛场疫病净化、养殖废弃物资源化利用和生鲜乳收购运输监管等方面的工艺技术创新，推进规模化、标准化、绿色化生产；三是强化管理创新，巩固传统线下销售模式，发展“互联网＋”等新型营销模式，提升线上线下运营管理能力。

（二）完善奶业标准体系，倒逼行业转型升级

加快标准建设是全面提升我国奶业品质的必由之路。一是加快建立由政府主导制定的标准与市场自主制定的标准共同构成的新型标准体系；二是协会组织要在对标国际高质量标准化建设中发挥组织引领作用；三是行业龙头企业要主动总结并提炼符合我国奶业发展的各类标准经验。2019年《中国农垦乳业联盟产品标准 生鲜乳》发布，从乳蛋白和乳脂肪含量、菌落总数和体细胞数、贮存和运输等方面制定了生鲜乳的团体标准，有利于进一步提高农垦奶牛养殖水平和优质生鲜乳生产能力。今后建议尽快推动新的《灭菌乳》标准以及其他乳制品标准的补充和完善，从源头上推动我国奶业高质量发展。

（三）加强奶业市场预警和调控

完善奶业生产市场信息体系，开展产销动态监测，及时发布预警信息，引导生产和消费。开展乳制品消费调查，分析不同区域、不同人群、不同年龄的消费特征和消费水平，以市场需求引导生产调整和产业升级。顺应奶业国际化趋势，借助进博会等平台，促进引进来和走出去相结合，促进资本、资源和技术的优势互补，与国际市场接轨，构建公平合理的生鲜乳秩序，增强自我发展能力。

2019 年水果市场形势分析及 2020 年展望

中国农业科学院农业信息研究所　赵俊晔　侯煜庐

一、2019 年市场形势回顾

（一）水果供给前紧后松

2019 年一季度国产水果市场供给主要由苹果、梨等贮存类水果和柑橘类、香蕉、杧果等应季热带、亚热带水果组成。2018 产季苹果、梨受冻害减产，苹果产量 3 923.34 万吨，同比减少 5.2%，梨产量 1 607.80 万吨，同比减少 2.0%，入库量较常年明显减少；柑橘类水果 2018 产季丰收增产，产量达 4 138.14万吨，同比增长 8.4%。一季度水果供给相对充足，市场运行较为稳定。

二季度，国产水果供给进入季节性“青黄不接”的阶段。柑橘类水果逐渐退市，苹果、梨等库存不足的情况逐渐凸显，菠萝、荔枝等热带、亚热带水果和大樱桃、西瓜等设施水果陆续成为水果市场的重要补充。2019 年荔枝逢产量小年，加上不利气候条件，广东、广西、福建等产区减产明显，主要品种中，除妃子笑减产较轻，桂味、糯米糍、黑叶、怀枝等品种均显著减产；西瓜、葡萄受产地持续阴雨天气影响，上市期普遍推迟。时令鲜果供给显著减少或推迟叠加贮存类苹果、梨供给不足，二季度水果市场呈现阶段性供给紧张。

进入下半年，大量时令鲜果集中上市，水果市场供给紧张的局面迅速缓解。葡萄、桃子、梨等水果丰收增产，其中梨主产区气候适宜，增产幅度预计在 20%以上。9、10 月，苹果大量上市，全国范围内苹果恢复性增产，加上近年来新增果园开始大量挂果，总产量显著增加，基本恢复到 2017 产季的水平。11 月之后，柑橘主产区广西的砂糖橘和沃柑、云南冰糖橙、江西赣南脐橙等大量上市，产量与 2018 年持平或略有增加。下半年水果市场供给充足，且有盈余。

（二）水果价格先涨后跌，同比显著上涨

2019 年 1～12 月，农业农村部重点监测的 6 种大宗水果（富士苹果、鸭梨、巨峰葡萄、西瓜、香蕉、菠萝）平均批发价格为每千克 6.29 元，较 2018 年同期上涨 16.5%。

1～3 月水果月均价在每千克 5.78～6.00 元高位震荡；4～6 月迅速上涨，5、6 月均价环比上涨幅均超过 10%，6 月出现历史最高月均价每千克 8.39 元；7～11 月则持续下跌，8、9、10 月水果月均价环比下跌幅均超过 10%，11 月出现年度最低月均价每千克 5.00 元，12 月小幅回升（图 1）。2019 年水果价格波动剧烈，月均价极差达每千克 3.39 元，较 2018 年月均价极差每千克扩大 2.67 元。

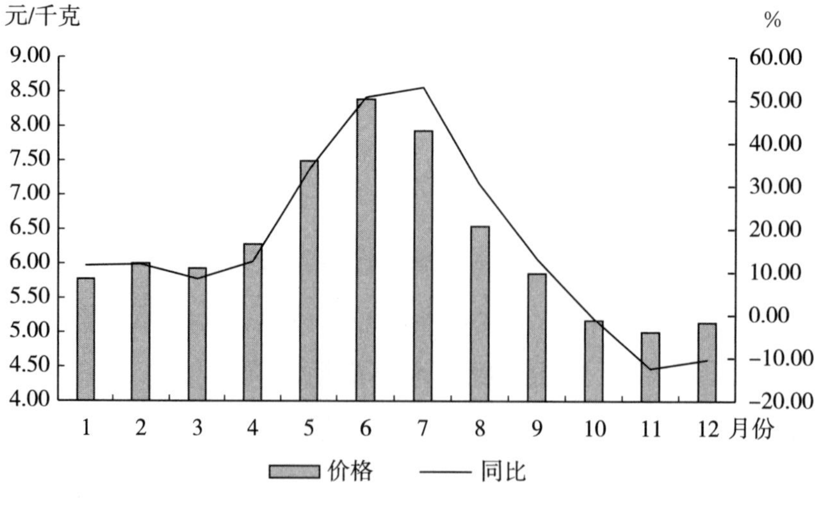

图 1　2019 年 1～12 月水果月度批发均价变化

同比来看，1～4 月水果价格同比上涨幅在 10%左右；5～7 月同比上涨幅迅速扩大，分别达到 33.8%、50.7%和 52.9%；8 月之后同比上涨幅迅速缩小，10～12 月转为负值，同比分别下跌 0.8%、12.5%和 10.4%。

分品种来看，2019 年 6 种大宗水果价格同比均不同程度地上涨，其中，

鸭梨和富士苹果领涨，全年月均价同比分别涨55.6%和39.3%；其他品种同比上涨幅则不超过10%。鸭梨、富士苹果和巨峰葡萄出现2000年以来月度历史最高价，其中巨峰葡萄最高月均价出现在6月，为每千克14.69元，同比上涨12.2%；鸭梨和富士苹果最高月均价出现在7月，分别为每千克10.01元和13.57元，同比分别上涨185.2%和110.7%。

水果价格波动影响CPI的变化。1～9月鲜果价格同比上涨均影响CPI不同程度上涨，5、6、7月影响幅度较大，分别影响CPI同比上涨约0.48、0.71和0.63个百分点。10～12月鲜果价格同比下跌，分别影响CPI同比下降约0.01、0.12和0.15个百分点。

(三) 水果进口增加，出口缩减，贸易逆差扩大

2019年，我国水果及制品进口量729.3万吨，进口额103.6亿美元，同比分别增长23.1%和23.2%；出口量492.1万吨，同比减少3.5%，出口额74.5亿美元，同比增长4.1%。贸易逆差29.1亿美元，较2018年逆差12.59亿美元增长131.1%。2019年1～12月中国水果及制品出口情况见表1。

表1　2019年1～12月中国水果及制品进出口情况

月份	进口量（万吨）	同比（%）	进口额（亿美元）	同比（%）	出口量（万吨）	同比（%）	出口额（亿美元）	同比（%）
1	76.74	48.91	15.01	48.04	47.67	0.01	6.62	−0.74
2	44.58	0.83	6.31	−19.01	21.98	−37.49	3.11	−34.35
3	70.54	43.22	8.78	42.99	30.66	−25.45	4.59	−14.95
4	91.52	55.05	12.49	55.96	23.46	−42.15	3.62	−32.92
5	76.16	33.65	10.50	24.11	19.07	−43.78	3.16	−31.66
6	57.33	29.32	6.70	4.39	21.21	−31.82	3.59	−21.02
7	58.02	27.91	8.09	22.16	32.35	−17.12	5.73	2.87
8	66.43	20.30	10.88	35.19	37.96	11.46	6.41	22.21
9	54.63	3.85	7.17	8.39	49.23	30.79	7.77	36.60
10	39.94	−2.05	4.33	−1.76	62.67	25.49	9.39	24.85
11	43.97	−0.96	5.45	17.76	69.97	13.25	10.13	20.24
12	49.30	0.90	7.89	15.27	75.92	31.22	10.40	33.94

其中鲜果、果汁与水果罐头的进口量与进口额均显著增加，果汁与水果罐头的出口量与出口额均显著减少，鲜果出口量与出口额明显增加。从数据来看，鲜果进口量、进口额分别为 587.0 万吨和 86.0 亿美元，同比分别增长 20.6%和 23.6%；出口量、出口额分别为 339.2 万吨和 50.2 亿美元，同比分别增长 3.5%和 14.7%；果汁进口量、进口额分别为 23.3 万吨和 4.1 亿美元，同比分别增长 22.8%和 7.8%；出口量、出口额分别为 43.6 万吨和 5.1 亿美元，同比分别减少 29.9%和 29.1%；水果罐头进口量、进口额分别为 5.0 万吨和 0.6 亿美元，同比分别增长 37.2%和 33.8%；出口量、出口额分别为 48.4 万吨和 5.5 亿美元，同比分别减少 16.3%和 18.5%（表 2）。

表 2　2019 年中国水果及制品进出口情况

类别	进口量（万吨）	同比（%）	进口额（亿美元）	同比（%）	出口量（万吨）	同比（%）	出口额（亿美元）	同比（%）
水果及制品	729.3	23.1	103.6	23.2	492.1	−3.5	74.5	4.1
鲜果	587.0	20.6	86.0	23.6	339.2	3.5	50.2	14.7
果汁	23.3	22.8	4.1	7.8	43.6	−29.9	5.1	−29.1
水果罐头	5.0	37.2	0.6	33.8	48.4	−16.3	5.5	−18.5

2019 年，我国水果主要进口品种鲜榴梿进口额 16.0 亿美元，同比增长 46.4%；鲜樱桃进口额 14.0 亿美元，同比增长 7.1%；香蕉进口额 10.9 亿美元，同比增长 22.0%；山竹进口额 7.9 亿美元，同比增长 127.5%；鲜葡萄进口额 6.4 亿美元，同比增长 9.7%；柑橘属水果进口额 5.9 亿美元，同比减少 6.2%；鲜猕猴桃进口额 4.5 亿美元，同比增长 10.5%。

2019 年，我国水果主要出口品种柑橘属水果出口额 12.7 亿美元，同比增长 0.8%；苹果出口额 12.5 亿美元，同比减少 4.1%；鲜葡萄出口额 9.9 亿美元，同比增长 43.1%；鲜梨出口额 5.7 亿美元，同比减少 8.1%；浓缩苹果汁出口额 4.3 亿美元，同比减少 31.5%。2019 年 1～8 月苹果及苹果汁出口主要来源于 2018 产季的库存果，受 2018 产季苹果受灾减产影响，2019 年 1～8 月的苹果及苹果汁出口量、出口额同比显著缩减。2019 年产季苹果恢复性增产，企业出口意愿积极，9 月苹果出口 9.39 万吨、出口额 1.25 亿美元，同比分别增长 64%和 84%；10 月苹果出口 12.83 万吨、出口额 1.63 亿美元，同比分别增长 70%和 79%；11 月苹果出口 16.4 万吨、出口额 2.0 亿美元，同比分别增长 50%和 55%；12 月苹果出口 17.0 万吨、出口额 2.1 亿美元，同比分别增长 47%和 50%。

二、2020 年市场走势预测

（一）年初水果市场供给整体充足

苹果、梨和柑橘产量占我国水果总产量的 1/3 以上，是一季度水果市场供给的主要品种。2019 年苹果、梨全国普遍恢复性增产，入库量同比显著提升，调研显示苹果入库量达到历史高位，多数产区入库八成到九成，部分产区接近满库。2019 产季柑橘类水果产区受极端气象灾害的影响较小，新增果园产能开始释放，供给总量有保障，春见、不知火、茂谷柑等晚熟品种也显著拉长了柑橘类水果供给时间，成为春季水果市场的有效供给。苹果、梨库存充足和柑橘产量稳定很大程度保障了 2020 年上半年水果市场供给。

（二）短期内价格上涨空间有限

一般而言，每年 11 月前后随苹果完成入库、柑橘类水果开始大量上市到来年春节，既是水果消费需求旺盛的时期，也是水果价格季节性波动上涨的时期。2019 年受天气影响苹果采收上市时间普遍推迟，而春节较往年提前，元旦、春节双节时间间隔短，留给水果价格上涨的时间较短。另外猪肉价格居高不下，可能也会对部分消费者的水果消费需求产生一定的抑制作用。预计 2020 年初水果价格反弹上涨的空间相对有限。

（三）水果进出口有望双向扩大，水果进口市场不断扩张

2018 年有 10 个水果品类获得输华许可，2019 年 11 月 13 日海关总署公布最新国家进口水果准入名单，较 2018 年新增了 11 个品类。在国内消费需求拉动下，预计 2020 年水果进口量、进口额仍保持较高增速。水果出口的国际贸易环境有望改善。部分国家的贸易政策对我国水果出口有显著的影响。2017

年 6 月，印度对中国苹果与鲜梨实施进口禁令。2019 年 8 月 10 日起，俄罗斯暂停从中国进口核果和落叶水果，包括李子、油桃、杏子、桃子、樱桃李、樱桃、苹果和梨在内的多种水果出口受到影响。为重启中国水果出口，2019 年 9、10 月，印度和俄罗斯分别派出多个团组对我国苹果主产区进行考察。如果印度、俄罗斯市场适时对中国重新开放，将对我国苹果和梨的出口形成重大利好。

三、值得关注的问题

（一）水果产能和结构调整中市场不确定增强

目前我国水果市场面临的主要问题还是供需结构失衡。一方面是水果产量不断增加，但供给质量相对较低；另一方面是随着居民收入的增长，对水果的需求向高质量高品质发展，国内供给不能很好地满足消费者的需求。近年来在较高的比较效益推动下，我国水果种植面积波动增长，总产量也呈现波动增加态势。从总量看，水果供给总体大于需求，随着新增果园逐年投产和进入丰产期，大宗水果供大于求的矛盾将更加突出。既有总量的相对过剩，又存在品种单一、上市时期集中、质量不高的问题，易导致果农“丰产不丰收”。同时，特色优势水果发展不充分，不能满足多样化的消费需求，致使进口不断增长，也对国产水果造成冲击。

水果产业在由量的增长向量质并重的结构性增长转变调整过程中，水果市场不确定性加强，价格波动加剧。近几年苹果、柑橘等大宗水果面积仍不断扩大，甚至在非适生区盲目扩种，导致水果产能总体过剩，年际间产量波动加大，质量参差不齐，大量同质果品甚至低端果品充斥市场，影响产业稳定发展。特色水果品种也存在类似的问题，如猕猴桃、大樱桃、沃柑等都曾是高端水果的代名词，市场热度高，价格高，随着面积扩大，供给增加，市场需求逐渐饱和，价格也一路下跌。产能适度、品种适销和品质适宜是推动水果产业高质量发展、实现丰产丰收必须密切关注的问题。

（二）水果流通效率、产地冷储和加工产能急需提高

水果产地收购和销售端零售的高价差是社会广泛关注的问题。一方面，产地端水果低价卖难的情况时有发生，另一方面，销售端高高在上的水果价格让许多消费者望而却步，既影响农民增收，也不能让消费者受益。这种情况的造成既源于多数水果不耐存储且集中上市的特性，更是因为当前的水果流通效率、产地冷储和加工能力还有待于进一步提高。

（三）水果早采问题迫切需要有效解决

为了抢先占据市场卖出更高价格，水果采青早采的问题一直存在。同一水果品种在同一个上市周期其早期的价格一般较高，之后随着上市量加大，价格下滑，水果早上市会带来更大收益，也带来了早采等投机行为。2019年下半年，水果价格从高位持续回落，果商、果农为了获取更高的短期收益，提前采收水果投入市场的现象非常普遍。果品没达到适宜采收期就采摘，其品质和风味都达不到应有的水平，高价格低品质会显著打击消费热情，损害市场声誉，降低经销商采购意愿，传导至产地市场，导致收购价格下跌，对区域乃至整个水果产业造成沉重的打击。2019年嘎啦和红将军苹果上市期间就出现了较为普遍的早采情况，导致苹果价格加快下跌，不利于果农增收。猕猴桃曾是早采的重灾区，近两年，许多主产区主管部门通过出台禁止猕猴桃早采令等形式，打击早采、维护市场秩序，取得了较好的成效。但催生果品早采的市场环境依然存在，包括猕猴桃等在内的许多果品早采的现象时有发生，迫切需要有效长效的解决。

（四）果品品牌建设和保护亟待加强

近年来，政府、协会和企业都致力于推动果品标准化和优势果品品牌建设，2019年11月，《中国农业品牌目录2019农产品区域公用品牌》评选结果公布，81个果品区域公用品牌入选，说明水果主产区普遍意识到品牌的重要性。但整体上水果提质增效的步伐仍然跟不上市场需求的变化，水果品牌建设还有很大提升空间。有些果品虽然有区域公用品牌，但没有强有力的企业品牌和产品品牌，有些虽然已经建立了品牌，但品牌营销、品牌保护相对薄弱，难

以将品牌转化为有效的市场竞争力，实现品牌溢价，也难以大规模拓展国际高端水果市场。

四、有关政策建议

（一）加强重点果品全产业链监测力度

扩大水果市场监测的覆盖面。我国水果种类繁多，有以国产为主的苹果、梨、柑橘、葡萄、西瓜、桃等大宗果品，有国产和进口并重且竞争激烈的大樱桃、猕猴桃、香蕉、杧果、菠萝、火龙果等果品，有荔枝、龙眼、柿子、冬枣等我国特有的优势特色品种，也有依赖进口的榴梿、鳄梨等高价小众果品。不同果品之间消费替代性强，虽然苹果、梨、柑橘等大宗果品的主流品种仍占据市场主要地位，但许多其他重要水果种类或特色品种的供求关系也显著影响市场形势变化，并能反映水果产业发展方向。建议从国家和省、市县不同层面统一部署水果市场监测体系，下沉到主产县市，针对更多类型重点果品，更加全面地监测水果市场变化，发挥监测预警的作用。

加强水果全产业链监测力度。水果产销之间的矛盾通常集中出现在产销对接环节，凸显为价格异常波动，但导致产销对接不畅的根本原因可能源于水果产业链的其他环节。为提高水果监测预警的精准性，建议从全产业链角度加强水果生产、存贮、加工、流通、消费、进出口等各环节关键信息的监测。加强对水果供应链和价值链的调查与研究，在此基础上合理规划并引导果农种植结构调整，安排好果品上市节奏。深入调查产销两端价格鸿沟存在的主要根源，推动线上与线下流通渠道的协同发展，实现水果产地与市场的精准对接。

（二）引导推进水果产业高质量发展

当前水果产业和水果市场存在的丰产不丰收、市场竞争力弱等突出问题是水果产业升级过程中供需结构失衡的具体表现，解决这些问题的根本途径是科学规划和引导水果产业高质量发展和绿色发展，提升水果标准化、优质化、品牌化、产业化水平。

加快果业转型升级，持续推进果业结构调整。大力发展特色水果产业，开发个性化、差异化优质果品，提升产品均衡上市能力。推进老旧果园升级改造，引导果农精细化管理，提高果品的商品化率和标准化水平。加强标准果园建设，完善水果高质量发展的标准和技术支撑体系，做好全程品质管控，适应国内外市场优质化、多样化需求。

以品牌建设为引领推进水果产业高质量发展。加强品牌宣传推广，提升品牌规模和效益，带动地方水果品牌的良性竞争，引导国产水果消费，更多展现国产优质品牌水果的特色和优势，增大消费者对国产水果的认知度和信任度。加强品牌管理和保护，严格规范品牌质量和信用审核，加强品牌授权和水果原产地保护，严厉打击假冒品牌商标和标识的违法活动，全面提升和维护水果品牌的国际信誉度和竞争力。

提高水果产业化和组织化水平。整合区域优势资源，改变果业生产经营小而散的局面，推进各类水果品种向优势基地进一步集中，推动形成规模化的水果产业带和集中发展区。延长水果产业链条，在优势产区积极引进精深加工企业，研发适应市场需求的水果深加工产品，消化水果产能，提高水果产业附加值，推进产业融合发展。

（三）提高防范化解重大风险的能力

加强对重大气象灾害和病虫害的监测和综合防控。科学规划产业布局，避免在非适宜区和次适宜区开展果品种植，加强对梨果类晚霜冻害、柑橘黄龙病等重大灾害的监测和防控，减少产量波动。

加强市场化风险管理工具的使用。探索、研究苹果、红枣期货在水果市场风险防范中的作用，逐步发挥期货在价格发现和套期保值的功能；规范金融市场运作，避免资金炒作误导产业预期和从业者心态。研发推广优势果品自然灾害保险和价格保险，鼓励用“订单”“预售”等形式锁定优质果品的产量和价格，稳定果农收入。

完善信息交流机制，加强市场引导。避免出现盲目种植或大量砍伐果树引起的异常波动，积极防范个别市场主体通过散播不实信息或炒作扰乱市场秩序，误导果农销售节奏。

2019 年蔬菜市场形势分析及 2020 年展望

中国农业科学院农业信息研究所　张　晶
中国农业科学院特产研究所　孔繁涛

随着供给侧结构性改革步入深水区，绿色高效高质量发展成为我国农业的必然选择，在推进种植结构调整的进程中，蔬菜种植的比较收益占优，依旧承担着 2020 年实现全面脱贫和乡村振兴“产业兴旺”的重要职责。面对国际经贸形势日益严峻的挑战，2019 年总体来看，我国蔬菜供需平衡有余，市场运行以稳为主，贸易顺差优势局面继续保持，价格波动符合常年季节性规律，但受上年价格低迷和当年春季不利天气影响，2019 年 3～8 月菜价保持历史同期高位运行，秋季短暂下行后反弹明显。2020 年，由于新冠肺炎疫情防控的严峻形势，春节以来菜价保持高位波动，短期来看，蔬菜市场价格将持续走高，呈现高价运行态势，预计第一季度蔬菜高位波动运行时间比往年延长 40 天左右；进入 3 月中旬以后，气温回升，有利于蔬菜产量形成，蔬菜地产地销将成为主导产销模式，疫情防控态势也必将根本好转，在季节性波动规律作用下，菜价回落成为必然趋势，但回落幅度可能偏大。

一、2019 年市场形势回顾

2019 年，蔬菜市场价格总体高位运行，虽然 5～7 月创历年价格新高，但基本符合常年季节性波动规律，呈现弱 W 形波动态势。农业农村部重点监测的 28 种蔬菜全国年均批发价每千克 4.22 元，较上年高 7.7%，较近 5 年平均水平上涨 9.6%。从历年蔬菜价格增幅来看，2015—2019 年均增幅为 3.1%，较上一个5年增幅收窄0.3个百分点（图1）。

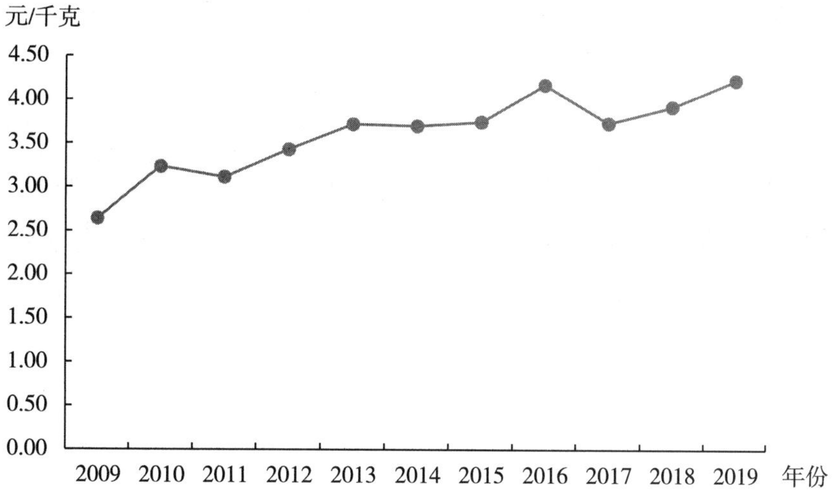

图1　2009—2019年蔬菜批发价格走势

数据来源：农业农村部农产品批发市场监测信息网。

（一）蔬菜价格季节性波动

和往年相比，季节性波动规律依然呈现，但表现为弱W形，波动态势放缓，波幅收窄，波峰波谷压缩。从四个季度来看：

第一季度，由旺盛的双节消费拉动，节日效应呈现，蔬菜市场价格由年初的较低水平快速升至全年高点，3月菜价较近3年同期高出7.1%，主要原因是2月中后期全国范围的雨雪天气和“倒春寒”导致节后蔬菜生产进度的整体放缓，蔬菜采收不及时及运输流通不畅，地产蔬菜和外调蔬菜供应同时趋紧；叠加春节后南方持续阴雨寡照，露地蔬菜定植晚于往年，北方设施蔬菜由于光照不足，产量偏低，品种产地转换不畅等因素，共同造成菜价居高不下。

第二季度，随着天气转暖，蔬菜价格呈季节性下行走势，价格回落呈“先慢后快”特征，价格水平明显高于往年同期。“先慢”的主要原因是北部高纬度夏秋蔬菜优势区入夏时间有所延后，部分茄果类蔬菜采收推迟，导致蔬菜品种产地转换不畅，菜价季节性回落趋势放缓。“后快”的主要原因是4月以后随着气温回升，蔬菜生产恢复较快，市场供应量加大、品种丰富，菜价开始出现显著下跌。但二季度菜价比常年同期总体偏高，主要是受2018年冬季菜价偏低影响，2019 年春季蔬菜种植面积有所调减。据农业农村部 580 个蔬菜生产重点县信息监测，3 月底在田蔬菜面积 107 万亩，同比减少 2.2%，产量 74 万吨，同比减少 1.5%。

第三季度，全国 7 月高温多雨及强对流天气增多，部分蔬菜产区、部分蔬菜品种采收和运输受到短期不利影响，菜价出现小幅上涨较往年提前约 1 个月时间进入下行区间，主要是因为前期生产进度有所推迟的北方夏凉蔬菜大量上市，尤其是番茄等茄果类蔬菜保持低位运行；而从蔬菜主产省份供应量来看，北方产区夏秋露地蔬菜面积总体稳定，设施蔬菜小幅增加，尤其是内蒙古、甘肃、宁夏的高原夏菜，供给较为充足，“北菜南运”和“西菜东运”有效平抑了全国菜价；从主要批发市场蔬菜交易量看，2019 年前 30 周累计交易量 1 183 万吨，与上年基本持平，但 2019 年夏季并没有遇到大范围台风灾害，所以整体供应宽松，菜价下行。

第四季度，随着夏季高温天气结束，全国广大区域进入适宜蔬菜生产季节，黄淮、长江流域以及陕南等中部区域的秋季蔬菜大量上市，广东等南方产区叶菜类蔬菜也进入了收获旺季，故每年 11 月底，产地价格整体处于低位运行；之后绝大部分露地蔬菜和以塑料大中棚为主的秋延后设施生产将陆续结束，蔬菜上市量大幅减少，越冬反季节设施生产成本增加，导致蔬菜价格进入

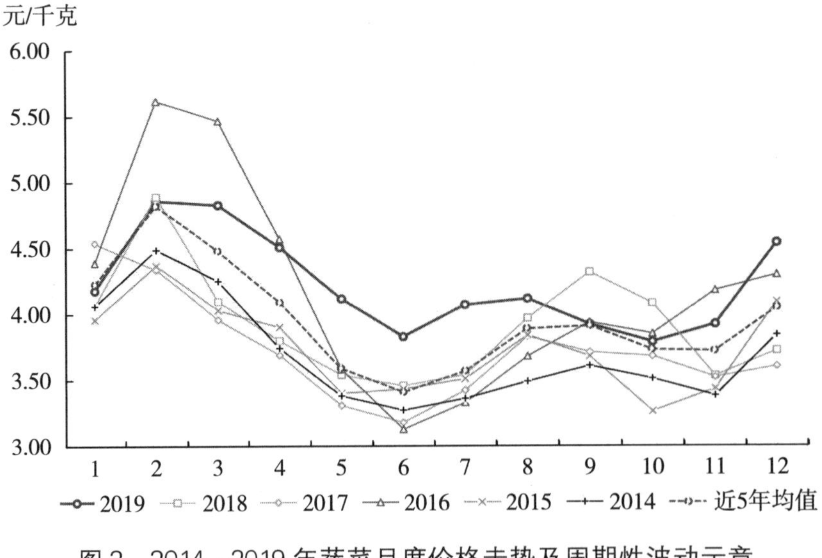

图 2　2014—2019 年蔬菜月度价格走势及周期性波动示意

数据来源：农业农村部信息中心。

上行通道。同时，随南方各冬春蔬菜主产区成为蔬菜市场供应的中坚力量，“南菜”市场价格话语权增强，加之这些地区上市的豆角类等品种价格偏高，带动蔬菜市场总体价格上涨；个别品种受前期价格低迷影响，种植面积缩减，造成后期价格反弹，如西葫芦和黄瓜等。受前期整体菜价偏高影响，冬春蔬菜种植意愿较强，蔬菜供给充足，但随着冬季生产、流通成本增加，菜价仍然保持季节性上扬。2014—2019 年蔬菜月度价格走势及周期性波动示意见图 2。

（二）生产供应总体充足，成本上升压缩菜农收益空间

1. 蔬菜生产规模趋稳，布局向优势产区集中

2018 年全国蔬菜（不含瓜果）播种面积约 30 658.41 万亩，产量 70 346.72万吨（图 3），人均占有量 504.14 千克，保持常年总量平衡有余，而且品种丰富，全国批发市场进入批量交易价格统计的新鲜蔬菜瓜果食用菌商品多达 118 种，基本满足了城乡人民的生活需要。

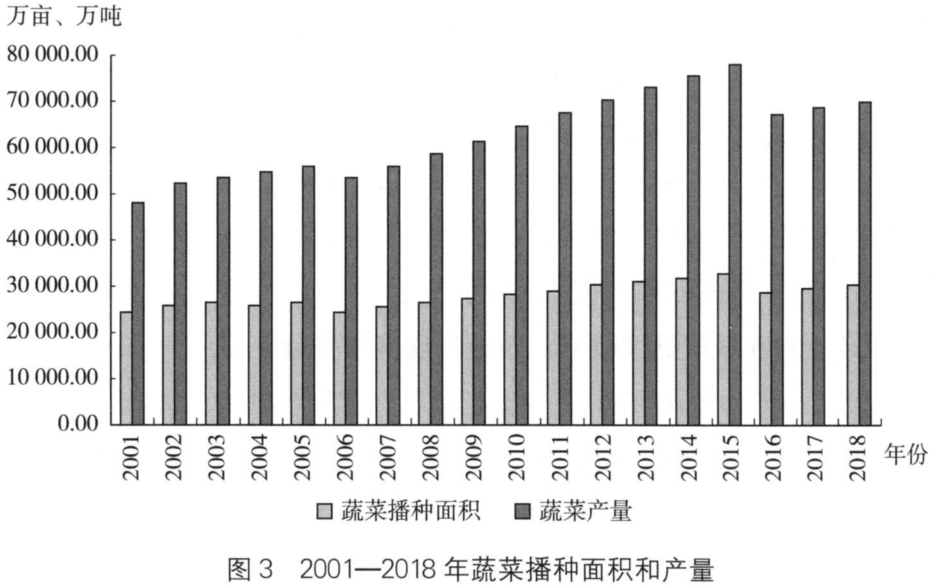

图 3　2001—2018 年蔬菜播种面积和产量

说明：根据第三次全国农业普查，对 2016 年全国蔬菜播种面积和产量分别调减 12.4%和 15.5%。

数据来源：国家统计局。

据《中国蔬菜专业统计资料》和中国蔬菜生产信息监测网数据，1990—2018 年，中国蔬菜主要产区分布发生很大变化。1990 年中国蔬菜播种面积

7 900 多万亩，按面积大小排序，四川、山东、河南、江苏、湖北、甘肃、陕西、河北、黑龙江、安徽分列全国前 10 名，其重点产区的地理分布与播种面积分布一致。按 2018 年蔬菜播种面积大小排序，前 10 位的省（自治区）跨越华东、华北、华中、华南、西南地区连为一体，形成反 Z 字形的重点产区分布。与 1990 年相比，十大蔬菜主产省（自治区）及位次都发生重大变化，陕西、甘肃、安徽、黑龙江 4 省被挤出前 10 名，山东、江苏成为前两名，河南保持第三位，四川、湖北、河北分别退居第六、第八和第十位；贵州、广西、广东、湖南 4 省（自治区）分列第四、第五、第七和第九位；前三名（山东、江苏、河南）相连形成全国最大的蔬菜集中种植区。按蔬菜品种的播种面积大小排序，辣椒、大白菜、普通白菜、番茄、黄瓜、萝卜、大蒜、茄子、结球甘蓝、菜豆为前 10 位；按蔬菜品种的产量大小排序，大白菜、番茄、黄瓜、辣椒、萝卜、茄子、普通白菜、结球甘蓝、芹菜、大葱为前 10 位。

2. 部分大中城市蔬菜生产动力不足

近年来，随着极端天气时有发生，冬季雾霾和冰雪尤其受到广大菜农和消费者共同关心，卖得好和吃得好是蔬菜产销流通必须平衡的双向需求。2019 年年底的中央农村工作会议强调，要全面落实“菜篮子”市长负责制，启动农产品仓储保鲜冷链物流设施建设工程。然而，随着城市化进程深化发展，一些大中城市受耕地面积减少，人力成本不断攀升，环境保护压力加大的影响，蔬菜种植面积和产量不同程度出现下滑。调研发现，全国 36 个大中城市中有近 1/4 的城市蔬菜种植面积和产量下降较明显。

3. 蔬菜成本利润率继续收窄，产业发展亟须转型

蔬菜生产是劳动密集型行业，人工成本占蔬菜生产总成本近 60%，受种植成本特别人工成本刚性上升推动，我国蔬菜年均价总体呈上涨趋势，近十年（2010—2019 年）菜价年均增幅 3.0%。由于近年来生产持续较快发展、市场供给宽松，菜价徘徊不前，2014—2018 年五年年均增幅为 1.5%（较之前五年的年均增幅下降 7.5 个百分点）。2019 年以来菜价同比涨幅较大，在一定程度上也体现了市场机制作用下的恢复性上涨。虽然蔬菜种植的比较收益仍处前列（图 4），但随着蔬菜成本利润率持续收窄（图 5），蔬菜生产行为出现以下几个特点：

从种植意愿看，越来越多的农民开始种植省工蔬菜。蔬菜种植用工价格虽然存在地区差异、工种差异，但基本上已经达 100 元/工日左右的水平；随着劳动力价格上涨，越来越多的蔬菜生产者开始倾向于选择叶菜类、根茎类等省工蔬菜，而需要不定期定植、整枝打杈、震花授粉等的茄果类，以及需要嫁接、授粉、吊蔓等的瓜豆类等费工蔬菜的种植面积都有所调减。

从成本构成看，劳动力成本为蔬菜总成本的主要组成部分。劳动力成本上升和人口红利下降是我国正面临的两大社会问题，而蔬菜生产、加工与流通等全产业链条均属于劳动密集型产业，实地调研发现大部分蔬菜劳动力成本占总成本的比重超过 50%（不包括租地成本），且呈现不断走高的态势。辽宁省数据显示，人工成本占生产总成本的比例高达 83.3%。山东省肥城市种植大白菜每亩投入肥料 100 元、浇水 100 元、农药 60～70 元，而人工投入 400 元，在不计算地租的情况下，每亩总成本 660～670 元，其中劳动力成本占比达到 60%以上。

从田间管理看，用工成本上涨是市场低迷期部分蔬菜弃收的重要原因。菜农是否弃收的标准一般不是由种植成本决定的，而是取决于采摘的人工成本和田头收购价格的比较。当某种蔬菜的采摘人工成本大于田头收购价格时，往往出现弃收现象；当采摘的人工成本小于田头收购价格时，菜农收获出售热情就会高涨。

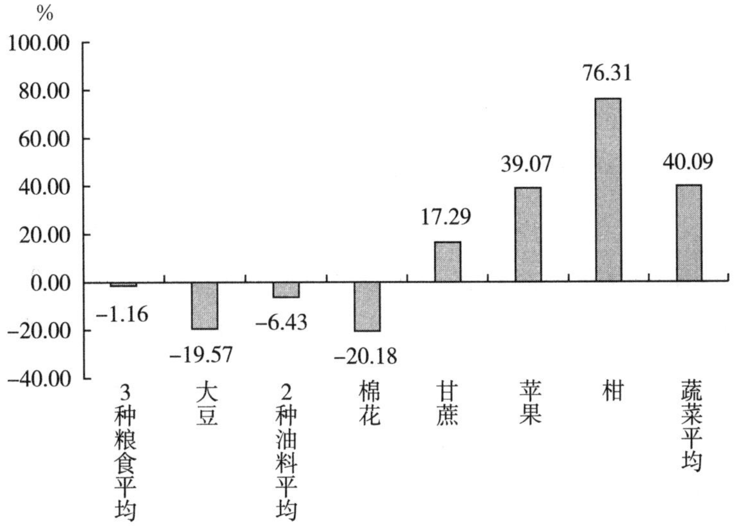

图 4　2018 年主要农产品成本利润率比较

数据来源：国家发展和改革委员会价格司《全国农产品成本收益资料汇编 2019》。

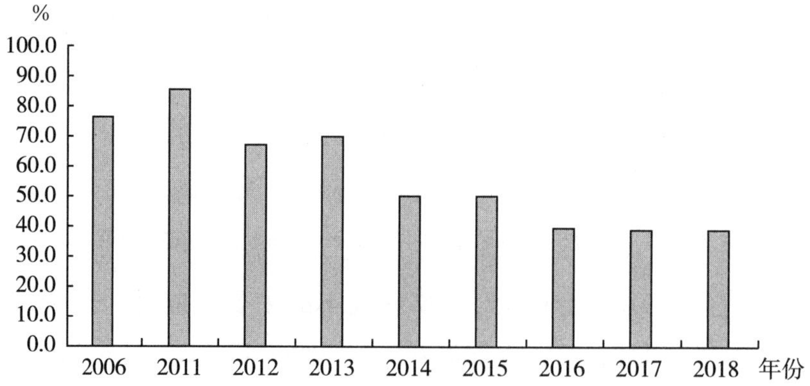

图 5　2006—2018 年蔬菜成本利润率变化

数据来源：国家发展和改革委员会价格司《全国农产品成本收益资料汇编 2019》。

（三）消费需求稳中略涨，市场流通体系建设需加强

蔬菜消费数量呈上升态势。蔬菜种类多、分布广，市场供给基本实现“大生产、大流通”格局，需求整体呈现稳定发展态势。近年来，“菜篮子”产品市场流通体系日趋完善，城市零售网点密度增加，但也依旧存在“重销地、轻产地”“重城市、轻乡村”的现象，产地市场数量不足、设施简陋、功能单一，特别是冷藏保鲜、分拣分级和商品化设施装备和技术应用滞后，农产品出村进城仍主要采用简单包装、整车运输、批发市场分拣销售的方式，流通损耗高，废弃物量大，也给销地环境保护带来压力，出村“最初一公里”成为“菜篮子”产品流通的短板。为此，2019 年 8 月，国家接连发布了《国务院办公厅关于加快发展流通促进商业消费的意见》（国办发〔2019〕42 号）和《交通运输部、国家发展改革委 财政部关于进一步优化鲜活农产品运输“绿色通道”政策的通知》（交公路发〔2019〕99 号），提出了“加快发展农村流通体系”“扩大农产品流通”及具体的优化鲜活农产品“绿色通道”政策。

蔬菜的农残合格率总体保持良好。目前，我国已基本实现农产品检测体系地市全覆盖和县级基本覆盖，“菜篮子”产品质量安全水平持续向好。据农业农村部监测，2008 年以来，中国蔬菜农药残留的例行监测合格率已经连续 10 年稳定在 96％以上。2019 年上半年共监测 31 个省（自治区、直辖市）和 5 个计划单列市，共 235 个大中城市的 1 027 个蔬菜、828 辆蔬菜运输车、2 069 个农产品批发（农贸）市场，抽检蔬菜等 5 大类产品 108 个品种，抽检总体合格

率为 97.2%，其中，蔬菜抽检合格率为 97.3%。从监测品种看，抽检的 82 种蔬菜中瓜类、甘蓝类、食用菌和根菜类蔬菜监测合格率较高，分别为 99.7%、99.6%、99.3%和 98.9%，茄果类、白菜类、葱蒜类、绿叶菜类、薯芋类蔬菜抽检合格率分别为 97.7%、96.7%、96.2%、94.9%、94.4%。

（四）进出口保持增长，贸易顺差小幅增加

加入 WTO 以来，我国蔬菜及其加工制品（含鲜冷冻蔬菜、加工保藏蔬菜和脱水蔬菜等）出口量保持稳定增长，依托蔬菜主要种植带，形成了特色产业发展格局，包括沿海冷冻、脱水、罐头、腌制蔬菜，西北浓缩浆、脱水蔬菜和西南腌制蔬菜三大集聚区，其中，山东、广东、江苏、福建等为主要蔬菜及加工产品出口省份，占我国蔬菜出口总量的 60%以上；出口地主要集中在东盟、日本、韩国、俄罗斯、美国、欧盟等国家和地区。自 2015 年以来，蔬菜一直保持我国第一大出口优势农产品地位（以贸易顺差计），出口额占我国农产品出口总额的 20%左右，进口占比相对较低，进口额占农产品进口总额的 0.6%左右，除辣椒、马铃薯（加工）和蔬菜种子等个别品类外，进口蔬菜对国内大市场局势影响有限。2019 年蔬菜进出口量、进口额均增，出口量 1 163.39 万吨，较上年增长 3.4%；出口额 154.98 亿美元，较上年增长 1.7%；进口量 50.18 万吨，较上年增长 2.2%；进口额 9.58 亿美元，较上年增长 15.6%（图 6 和图 7）。

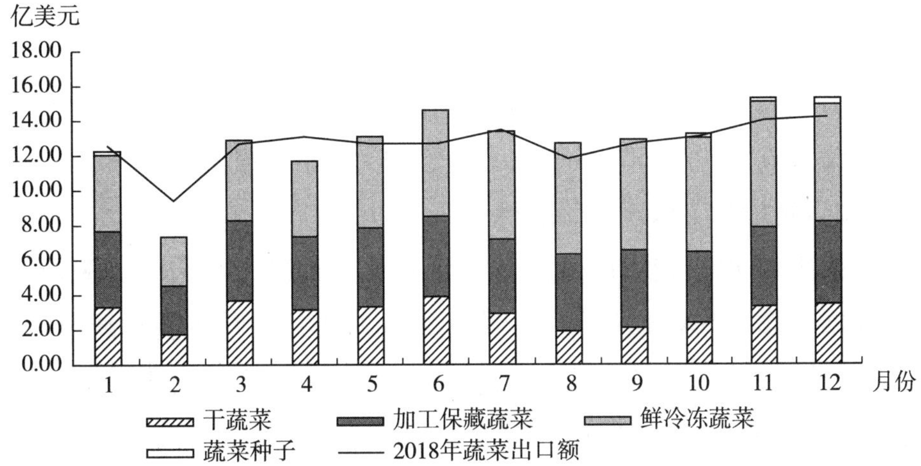

图 6　2019 年蔬菜出口额月度变化情况

数据来源：中国海关总署。

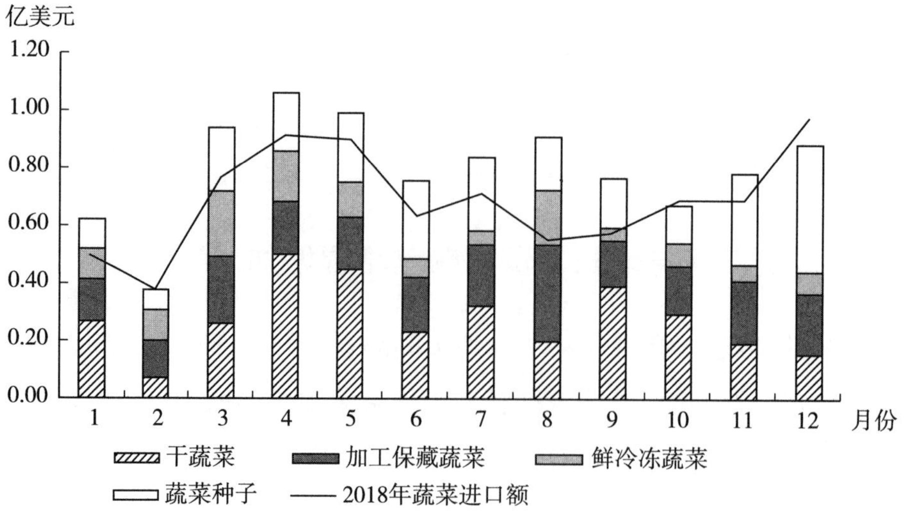

图 7　2019 年蔬菜进口额月度变化情况

数据来源：中国海关总署。

2012—2017 年，蔬菜贸易额及贸易顺差均持续增长，2018 年贸易顺差小幅减少，2019 年贸易顺差 145.40 亿美元，较上年增长 0.9%，整体表现为出口弱稳、进口较强劲的局面。

1. 出口品种格局基本不变，优势品种出口有所恢复

蔬菜出口优势品种包括蘑菇、大蒜、木耳、番茄、辣椒、生姜、洋葱、胡萝卜及萝卜等。出口额前 10 位之和占 2019 年蔬菜出口总额的比重约 60%，其中，新蒜季 2019 年大蒜产量预期偏紧，实际产量处于常年平均水平，受前期预期及市场“惜售”情绪影响，国内市场价格持续上涨，并国际贸易局势走低影响，出口继续保持弱行，出口量较上年减少 7.3%，出口额虽然较上年增长 22.3%，但较 2017 年仍减少 24.3%，尚未恢复至较好水平。

2. 进口保持增长，增速回落趋稳

我国蔬菜进口规模较大的品类为蔬菜种子，其次为马铃薯、辣椒、甜玉米、胡椒和豌豆等，整体规模不大，主要用途是种用、特色品种调节和加工。2019 年，蔬菜进口保持进口增长趋势，增速处正常范围。其中辣椒主要进口来源国为印度和越南，印度辣椒辣度高、成本低廉，我国从 2017 年开始大量进口；越南近两年主要是以鲜冷冻辣椒为主出口我国，势头强劲；二者叠加，对国内干辣椒市场形成一定冲击。

二、2020 年市场走势预测

从生产看，整体供应有保障。全国冬春蔬菜生产充足，2020 年 1 月底在田面积 8 400 多万亩，据农业农村部 1 000 个蔬菜直报信息点监测，冬春蔬菜供应量比上年同期增长 2.7%。30 种蔬菜中，油菜、冬瓜、苦瓜、胡萝卜、豆角、大葱、番茄、黄瓜、茄子、豇豆、莲藕等蔬菜产量同比增长 3%以上。

从市场运行看，2020 年春节前后，在节日效应、蔬菜价格季节性波动规律和新冠肺炎疫情防控及其叠加效应的多重影响下，蔬菜价格保持高位波动运行。而正常年景下，春节过后，尤其是元宵节以后，蔬菜价格在季节性波动规律的作用下进入下行通道。但是，一个阶段以来，新冠肺炎疫情防控形势严峻，严重影响了蔬菜运输，促使产销矛盾加剧。短期看，由于疫情防控的胶着状态，蔬菜价格依然居高不下。后期随节日效应消退和蔬菜流通逐步恢复，市场供给将增加。而餐饮停业，学校、企事业单位延迟开工、开学，蔬菜需求增速偏慢，预计蔬菜价格季节性回落将推迟，个别品种可能出现大跌大涨。稍长时间来看，进入 3 月中旬以后，气温回升，有利于蔬菜产量形成，蔬菜地产地销将成为主导产销模式，疫情防控态势也必将根本好转，在季节性波动规律作用下，菜价回落成为必然趋势。

三、值得关注的问题

（一）蔬菜整体供应宽松，但种植面积增长动力强劲

近年来，蔬菜生产一直处于整体供应宽松的局面，甚至多次出现滞销卖难等情况，但由于蔬菜产业比较优势大，随着农业供给侧结构性改革、脱贫攻坚战、乡村振兴战略实施等国家大政方针的落地执行，蔬菜种植规模仍保持增长，给市场运行带来供过于求的风险。此外，近年来，因资本炒作造成耐储运蔬菜价格大起大落的情况还时有发生，如大蒜、生姜、大葱等都曾出现过因囤积炒作，造成市场价格大起大落，严重影响这些蔬菜的稳定产销。

（二）地域性、季节性、品种结构性供需不平衡

目前菜农和企业种植意向基本上依据上期市场行情，表现为当期种植面积受上期价格水平影响大，上期菜价高企，则推动本期扩种，反之亦然，导致同品种年度间面积和价格波动。如果不同产区上市时间稍有提前或延后，加上天气变化，往往几个因素叠加，每年都有部分地区一些品种出现价格暴涨暴跌，农民收入受损的情况发生。尤其是 2020 年第一季度，春种春耕直面新冠肺炎疫情防控问题，蔬菜保供应、菜农保收益两大问题尤其受到社会广泛关注，对蔬菜产业的转型升级提出了更高要求。

（三）蔬菜损耗率仍偏高

我国蔬菜损耗率高达 20%以上。一是产地冷链设施缺乏，导致预冷不足；二是流通缺乏全程冷链，我国冷藏车保有量仅 18 万台，冷藏车人均保有量仅为日本的 1/11。三是人为造成运输断链，三线以上城市基本采取“一刀切”的限制货运车辆进城的交通管制措施，大大影响通行效率和配送质量，导致人为断链。

（四）新业态监管存在漏洞

虽然蔬菜农残合格率情况较好，但也存在部分城市快速检测覆盖比例偏低、个别产品检测不合格、对流通新业态监管缺位等问题。一些大型批发市场交易量大，现有经费、人员、装备水平仅能覆盖有限批次。随着产地直销、微商营销等新业态快速发展，一些“菜篮子”产品可以不经过批发市场等节点，直接进入消费端，质量监管存在盲区。

四、有关政策建议

短期来看，面对新冠肺炎疫情防控对蔬菜全产业链的影响，破解蔬菜当前产销矛盾，尚需规划合理半径。针对蔬菜产销形势预测分析，结合当前疫情防控中的陆续复工，蔬菜集团性消费不断增加，要采取综合防范措施，促进蔬菜

产销有效对接。一是要认真落实党中央、国务院及其有关部门的政策规定，畅通蔬菜等农产品以及农资物流，保障民生和农业生产有序推进，防止出现人为蔬菜运输“堵塞”。二是统筹化解“卖菜难”和“买菜贵”之间的矛盾，引导有条件的加工销售企业和冷链物流企业扩大蔬菜等鲜活农产品收购、投放，针对蔬菜滞销卖难拨付农业生产救灾资金，鼓励建设蔬菜冷藏保鲜设施设备，鼓励拓展电商销售供应途径，匹配模拟蔬菜产销信息撮合。三是科学安排蔬菜区域性生产供给，从本次疫情防控战中吸取教训，统筹规划区域性蔬菜供给的合理运输半径，探索完善具有中国特色的地产地销与适度运输相结合的蔬菜供需体系。

长期来看，一是在强化“菜篮子”市长负责制的基础上，推动建立蔬菜主产区菜田生产能力建设“省长负责制”，形成省市长协调保障蔬菜生产供应的新机制。二是以建立基本蔬菜品种生产者价格补偿机制为抓手，稳定菜园子，保障“菜篮子”，提升基本蔬菜品种周年均衡供应水平。三是加大对超低能耗智能温室等性能优、产能高、效益好的节能环保型蔬菜生产设施的技术补贴，大幅提升蔬菜产业抗灾能力。四是强化以逆向统筹全产业链经营为主要途径的产销信息服务体系建设，扭转目前广大菜农由于信息不对称而盲目跟着市场价格跑的被动局面。五是健全市场监管机制与产业标准化体系建设，严厉打击利用社会资本蓄意囤积炒作耐储运蔬菜、制造加剧供求紧张关系、破坏蔬菜市场正常秩序的不法行为。

2019 年马铃薯市场形势分析及 2020 年展望

中国农业科学院农业信息研究所　吴建寨　周向阳

一、2019 年市场形势回顾

回顾 2019 年，马铃薯市场行情向好，具有月度价格始终高于 2018 年同期水平、整体价格水平高、贸易顺差同比大幅增加等三个显著特点。

（一）月度价格始终高于 2018 年同期水平

按照产季划分，2019 年马铃薯市场形势可以分为 2018 年产季库存薯、2019 年产季新薯两个阶段，其中，1～4 月市场供应以 2018 年产季库存薯为主，5～12 月市场供应以 2019 年产季新薯为主。与 2018 年同期水平相比，2019 年马铃薯月度价格一直保持偏高态势（图 1）。

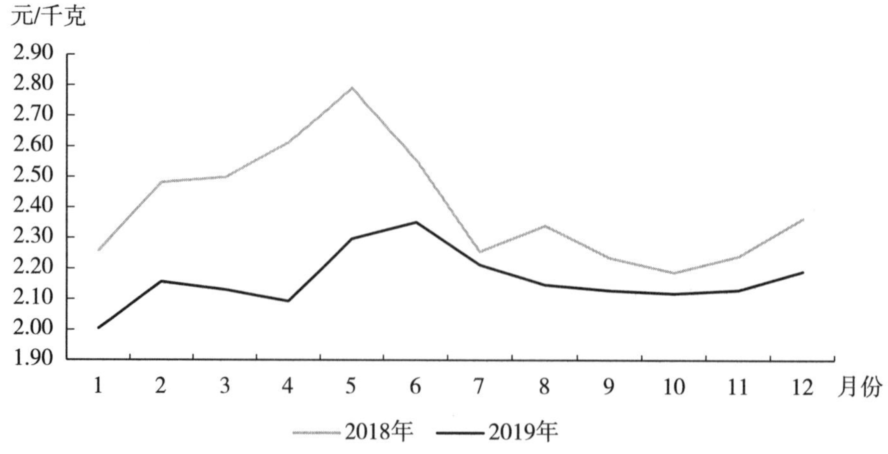

图 1　2018 年和 2019 年马铃薯月度批发均价

1. 1～4月薯价同比上涨

据农业农村部监测，2019年1～4月马铃薯月度批发均价分别为每千克2.26元、2.48元、2.50元和2.61元，同比分别上涨12.7%、15.0%、17.3%和24.8%。2019年前4个月马铃薯市场价格同比上涨的主要原因是市场供应同比减少。2019年1～4月马铃薯市场供应主体为2018年产季马铃薯。2017年马铃薯价格低迷，薯农利润微薄，导致2018年马铃薯生产者积极性降低，种植规模减小；从单产水平来看，2018年多个马铃薯主产区在生长关键时期遭遇较为严重的自然灾害，造成马铃薯单产水平降低。在种植面积缩减和单产水平下降的共同作用下，马铃薯产量同比下降，导致2018年产季库存薯数量偏少，推高了2019年1～4月的马铃薯市场价格。

2. 5～12月薯价持续高于2018年同期水平

据农业农村部监测，2019年5～12月马铃薯月度批发均价分别为每千克2.79元、2.56元、2.26元、2.34元、2.23元、2.19元、2.24元和2.36元，同比分别上涨21.5%、8.7%、1.9%、9.0%、5.0%、3.3%、5.2%和7.9%。5～8月市场供应以2019年产季春薯为主，9～12月市场供应以2019年产季秋薯为主。2019年春薯和秋薯市场行情均好于2018年，主要原因有两个：一是上市量低于2018年。2017年和2018年马铃薯市场行情总体低迷，马铃薯种植利润微薄，部分薯农亏损严重，2019年不少农户退出马铃薯生产，2019年春薯和秋薯产区总体种植面积都缩减，市场供应量减少。例如山东春季马铃薯总体种植面积约220万亩，同比减少7%；甘肃秋季马铃薯总体种植面积约1 000万亩，同比减少5%。二是品质优良。2019年上半年，山东、河南、湖北、江苏等春薯产区基本没有遭遇极端恶劣天气，温度、光照、降水等气象条件均适宜春薯生长发育，马铃薯普遍质量上乘；甘肃、内蒙古、黑龙江、河北、四川、贵州、云南等秋薯主产区在马铃薯生长期间总体降水适中，光照正常，而且气温较往年偏低，晚疫病防治效果较好，病害发生较轻，马铃薯品质优良，“优质”产生“优价”。

（二）整体价格水平高

2019年1～12月，马铃薯批发均价为每千克2.40元，处于近6年来最高位水平，明显高于 2017 年的每千克 2.14 元和 2018 年的每千克 2.16 元（表 1）。地方价格监测也有同样结论。例如：据山东省滕州市农业农村局监测，2019 年 5 月当地春季马铃薯的地头批发均价为每千克 2.4 元，为近 10 年来同期最高值。云南省昭通市镇雄县农业农村局监测，2019 年 9 月当地秋季马铃薯的地头批发均价为每千克 2.6 元，明显高于往年同期水平。

表 1　2014—2019 年马铃薯年度批发均价

年份	批发均价（元/千克）	从高到低排序
2014	2.27	3
2015	2.13	6
2016	2.39	2
2017	2.14	5
2018	2.16	4
2019	2.40	1

（三）贸易顺差同比大幅增加

2019 年，欧洲马铃薯产区由于夏季出现干旱高温天气，马铃薯产量出现下降。法国、德国、荷兰、比利时和英国等地马铃薯产量与常年水平相比下降 20%～30%；北美产区自 10 月开始多次遭遇大范围寒潮袭击，大量马铃薯遭受霜冻等自然灾害，导致马铃薯大幅减产。美国马铃薯产量比上年降低 6.1%，下降至近 10 年来最低水平。2019 年，世界主要马铃薯生产国普遍减产，导致国际马铃薯市场供求关系偏紧，国际薯价上涨，刺激了我国马铃薯出口，抑制了进口，贸易顺差与上年相比大幅增加。据海关统计，2019 年我国马铃薯出口量、出口额分别为 53.63 万吨、4.46 亿美元，分别比上年增长 12.2%和 46.3%；进口量、进口额分别为 13.04 万吨、1.61 亿美元，分别比上年大幅减少 32.3%和 24.7%；贸易顺差 2.85 亿美元，比上年大幅增长 2.1 倍。

从出口品种来看，鲜或冷藏的马铃薯是我国马铃薯主要出口品种，出口量、出口额分别为 50.30 万吨、3.97 亿美元，分别占我国马铃薯出口量、出口额的 93.8%和 89.0%；从出口目的地来看，我国马铃薯出口市场相对集中，主要出口中国香港、越南、马来西亚、俄罗斯和泰国等国家和地区，我国对上述 5 个地区的出口量、出口额分别占出口量、出口额的 84.5%和 87.5%。

从进口品种来看，制作或保藏的冷冻马铃薯是我国马铃薯主要进口品种，进口量、进口额分别为 12.92 万吨、1.52 亿美元，分别占我国马铃薯进口量、进口额的 99.1%和 94.5%；从进口来源国看，马铃薯进口来源地也比较集中，主要为美国、土耳其、比利时、荷兰、德国等地。我国从上述 5 个国家的进口量、进口额分别占进口量、进口额的 95.8%和 91.2%。

二、2020 年市场走势预测

按照市场供应主体不同，可以将 2020 年马铃薯市场行情分为 1～4 月和 5～12 月两个阶段。1～4 月，马铃薯市场供应主体为 2019 年产季库存薯，受产量减少和薯价偏高影响，2019 年马铃薯库存薯数量比 2018 年明显减少，据初步统计，甘肃和内蒙古的库存薯数量同比减少约 25%和 35%，山东的库存薯数量同比减少约 30%。因此，受市场供应偏紧影响，预计 2020 年 1～4 月马铃薯价格会同比上涨。

5～12 月，马铃薯市场供应主体为 2020 年产季春薯和秋薯。一般来讲，马铃薯种植规模是由上期马铃薯价格决定的，若上期价格偏高，马铃薯种植户下期将扩大种植面积。2019 年马铃薯市场行情向好，薯农普遍利润可观，2020 年薯农生产积极性高涨，预计 2020 年 5～12 月马铃薯种植规模会扩大，受上市数量增加影响，马铃薯价格会同比下跌。

三、马铃薯产业发展呈现新趋势

2017 年和 2018 年连续两年薯价低迷，虽然降低了种植利润，但客观上促使各地马铃薯产业加速转型升级，主要体现在以下几个方面：

（一）产业特色更加明显

我国很多地区将马铃薯列为主导产业，但不同程度地面临同质化竞争现象，经过多年不断摸索，各地都意识到要根据自身资源禀赋，充分发挥比较优势，走差异化路线，打特色牌。例如：山东滕州土壤肥沃、水源充足，重点发展菜用型马铃薯，着力打造“中国菜用马铃薯第一品牌”；内蒙古乌兰察布气候冷凉、自然隔离环境优势明显，生产种薯得天独厚，打算建设北方地区最大的种薯繁育基地；甘肃定西马铃薯淀粉含量高，适宜发展加工产业，加快成为全国重要的马铃薯制品加工基地。

（二）区域布局加快调整

近年来薯市低迷促使马铃薯生产出现“非优势产区萎缩、优势产区基本稳定”的格局。例如：作为马铃薯非优势产区，山东青岛、泰安、济宁等地两年内种植面积减幅都在40%左右；内蒙古包头2019年播种面积25万亩，同比减少25.4%；甘肃陇南2019年播种面积20万亩，比高峰期减少35.2%。而滕州、乌兰察布、定西等马铃薯传统优势产区种植面积近10年来基本保持稳定。

（三）种植品种不断更新

种植大户一致反映，不仅消费者对菜用马铃薯薯型、大小、品相、口感等品质要求越来越高，而且加工企业也更加青睐加工专用型品种。市场需求传导到生产端，集中体现为马铃薯品种加快更新。例如：山东滕州主栽品种仍然是荷兰系列，但希森3号和希森6号等品种因具备产量高、芽眼浅等优势，推广面积迅速增加；内蒙古乌兰察布克新系列占全区种植比例已由2017年的40%大幅缩减至2018年的13%，而华颂7号、冀张薯12、后旗红等品种口感好、品相佳，市场认可度高，所占比例大幅提高；甘肃定西陇薯3号、陇薯9号、甘农薯5号等加工专用型品种种植规模正在快速扩大。

（四）品牌建设持续推进

各地都将品牌建设作为推动马铃薯产业提档升级的重要抓手，创品牌、守品牌、强品牌已经成为共识。例如：山东滕州已连续举办了11届“中国（滕州）马铃薯科技文化节”，持续宣传滕州马铃薯品牌，并制定出台了滕州马铃薯整体品牌形象包装标识使用管理办法，切实维护好滕州马铃薯的品牌形象。内蒙古乌兰察布以实施品牌提升工程为统领，大力实施马铃薯标准化建设、精细化质量管理和商标品牌战略，擦亮乌兰察布马铃薯区域公用品牌。甘肃定西以全国马铃薯产业知名品牌创建示范区建设为契机，创建了从种薯、鲜薯生产到深加工的全产业链品牌体系。

四、值得关注的问题及有关政策建议

近年来，我国马铃薯产业发展水平不断提升，在实现高质量发展方面取得显著成效，但目前仍存在不少制约因素，主要体现在以下方面：

（一）薯价波动幅度过大

由于产销信息不对称，薯农很难把握市场脉搏，盲目跟风种植现象普遍，导致种植规模大起大落、薯价大涨大跌，薯农收益缺乏稳定机制。特别需要指出的是，2019年薯价高企，马铃薯种植利润可观，薯农生产积极性高涨。按照以往经验，2020年大幅扩种概率增加，极有可能引起薯价大幅下跌，甚至加大滞销卖难风险。建议产区政府应在稳定现有面积的基础上优化品种结构、提高产品质量以及开展产销对接，推动马铃薯产业提质增效，并密切关注各主产区2020年马铃薯种植意向，及时做好信息发布，引导薯农理性决策，切实防范2020年薯价大跌。

（二）种薯知识产权保护不足

马铃薯新品种研发投入大、风险高、时间长，培育一个新品种需要8～10年，然而马铃薯新品种知识产权侵权行为屡见不鲜，没有经过授权而进行扩繁、销售种薯现象比较普遍，严重侵害了种薯研发机构的利益。建议产区政府加大种薯知识产权保护力度，一方面严管制种环节，借鉴国外经验，划定种薯生产指定区域，实施种薯生产许可证制度，把控源头输出；另一方面严管销售环节，加大对侵权马铃薯销售行为的查处和打击力度，治理市场乱象。

（三）劳动力普遍短缺

劳动力短缺已成为未来制约马铃薯发展的突出难题。例如：山东省滕州市农业农村局反映，当地青壮年大多外出打工，一到收获季大家都要采挖马铃薯，人手紧张，每个人工涨到 200 元/天。建议产区政府鼓励加快马铃薯栽培、收获机械研发，提高马铃薯生产全程机械化程度，推动机器换人；引导薯农调整早、中和晚熟品种比例，避免扎堆上市，缓解集中用工压力。

（四）环境资源约束日益趋紧

各个马铃薯主产区普遍连续种植多年，持续性、高强度开发造成土壤肥力下降，而且不少产区处于干旱、半干旱地区，水资源短缺也是制约当地马铃薯发展的重要因素。建议产区政府加快实施绿色兴农战略，在已种植多年的核心种植区域，分批实行耕地轮作休耕制度；推广节水的马铃薯品种和耕作模式，促进马铃薯产业可持续发展。

2019 年水产品市场形势分析及 2020 年展望

中国农业科学院农业信息研究所　沈　辰
农业农村部农村经济研究中心　刘景景　张静宜

2019 年，我国渔业生产供给保持稳定，市场运行总体平稳，价格同比小幅下跌。进口量额继续显著增长，出口基本稳定，贸易顺差骤减 7 成以上。受新冠肺炎疫情影响，年初部分水产品养殖投苗进度延迟，用工成本增加，给养殖生产造成一定影响，预计 2020 年水产品产量将持平略降。餐饮消费减少、流通成本增加等原因，水产品进口量、出口量均将下降。预计水产品市场价格将呈现先涨后降态势，上半年价格波动将有所增强，疫情影响逐渐消退后，波动将趋于缓和。

一、2019 年市场形势回顾

（一）捕捞产量继续下降，总产量持平略增

2019 年，全国渔业生产较为稳定，捕捞产量继续下降，养殖产量有所增长。据对全国 20 个省（自治区、直辖市）渔业生产统计，2019 年前三季度全国水产品总产量 4 165.50 万吨，同比增长 0.6%。其中，捕捞产量约 767.27 万吨，同比减少 7.0%。海洋捕捞、淡水捕捞产量分别为 651.72 万吨、115.55 万吨，同比分别减少 7.1%、6.7%；养殖产量 3 398.23 万吨，同比增长 2.6%。养殖产量增长主要源于海水养殖，海水养殖产量同比增长 6.0%，达 1 442.41 万吨；而淡水养殖产量同比增长 0.2%，为 1 955.82 万吨。据估

计，2019 年水产品总产量约为 6 500 万吨，与上年大体持平，或略有增长。

（二）价格同比小幅下跌，总体呈先跌后涨态势

2019 年水产品市场供给较为充足，交易量有所增长，价格与上年相比小幅下跌。中国农业信息网监测数据显示，2019 年重点监测的 30 种水产品加权平均批发价为每千克 20.89 元，同比下跌 6.7%。所监测水产品批发市场日均交易量为 4 513 吨，同比增长 5.1%。从价格走势看，全年价格峰值为 1 月的每千克 21.49 元，之后总体下行；7 月下跌至全年最低，为每千克 19.73 元；8 月、9 月价格连续上涨至每千克 21.33 元；10 月后价格略有下跌，但均保持在每千克 20.70 元以上，总体呈现先跌后涨态势（图 1）。

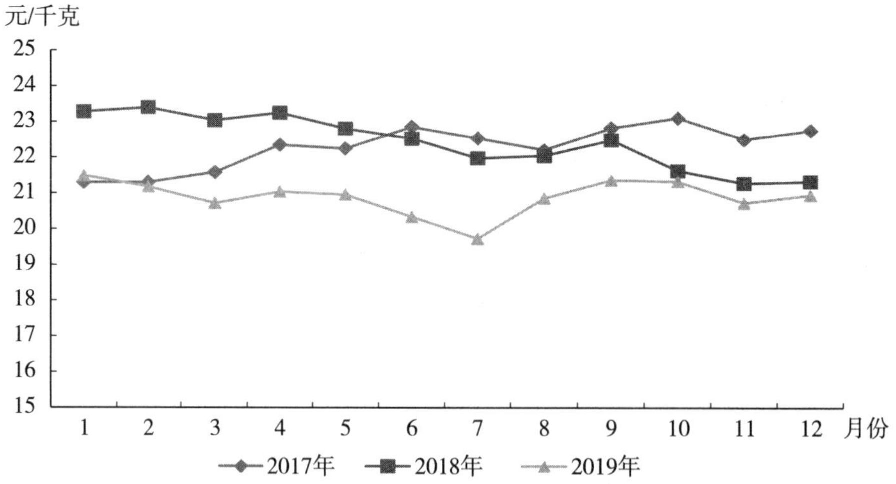

图 1　2017—2019 年水产品月度加权平均批发价格

数据来源：中国农业信息网。

分种类看，2019 年淡水鱼加权平均批发价为每千克 14.07 元，同比下跌 5.5%；海水鱼加权平均批发价为每千克 42.39 元，同比上涨 3.9%；虾蟹类加权平均批发价为每千克 149.95 元，同比上涨 2.6%；贝类加权平均批发价为每千克 16.46 元，同比上涨 9.4%。所监测的 30 种水产品中，13 个品种同比下跌，14 个品种同比上涨，3 个品种同比持平。其中，活草鱼、黑鱼、活鳜鱼、石斑鱼等批发价同比下跌超过 10%；白鲢活鱼、小平鱼、鲈鱼、鲅鱼、蛤蜊、海参批发价同比上涨超过 10%。

（三）进口量额显著增长，贸易顺差大幅收窄

据海关统计，2019 年中国水产品进口 626.52 万吨，同比增长 20.0%；进口额 187.01 亿美元，同比增长 25.8%。其中，中国自东盟、厄瓜多尔、印度、澳大利亚、挪威等国家或地区进口增长最为突出，进口额同比分别增长 39.0%、261.1%、210.0%、14.1%、19.3%。2018 年我国对原产于美国的进口水产品加征 25%关税后，我国自美国进口水产品连续两年减少，2018 年自美国进口量、进口额比 2017 年分别减少 16.9%、5.5%；2019 年自美国进口水产品 39.04 万吨，进口额 10.57 亿美元，比 2018 年分别减少 11.8%、25.7%（表 1）。从产品种类看，对虾进口增长最为明显，进口量达 61.94 万吨，同比增长 287.8%，进口额达 38.45 亿美元，同比增长 231.6%；墨鱼及鱿鱼、鲶鱼、庸鲽鱼、鳕鱼等主要进口产品增长也十分显著，进口量分别增长 69.3%、99.1%、28.3%、11.7%，进口额分别增长 58.9%、63.8%、26.1%、14.0%。我国对虾进口短期大幅增长，一方面是因为国内供不应求、供给缺口较大，在相关贸易便利化措施的刺激下出现快速增长；另一方面也与我国不断规范边境贸易、严厉打击走私，越来越多对虾产品选择正关进口有关。

表 1　2019 年我国水产品主要进口来源

国家或地区	进口量（万吨）	同比增长（%）	占进口总量比例（%）	进口额（亿美元）	同比增长（%）	占进口总额比例（%）
东盟	117.145	39.0	18.7	30.57	39.0	16.3
俄罗斯	124.146	6.9	19.8	22.88	3.2	12.2
厄瓜多尔	37.459	247.2	6.0	19.28	261.1	10.3
秘鲁	93.529	5.6	14.9	15.17	2.5	8.1
印度	33.175	144.4	5.3	12.44	210.0	6.7
加拿大	13.575	14.0	2.2	11.37	12.2	6.1
美国	39.040	−11.8	6.2	10.57	−25.7	5.7
智利	18.28	−8.6	2.9	7.81	9.0	4.2
澳大利亚	2.37	35.3	0.4	7.76	14.1	4.2
挪威	18.18	3.4	2.9	7.01	19.3	3.7
合计	626.52	20.0	—	187.01	25.8	—

数据来源：根据海关数据整理。

受美国对我国水产品加征关税影响，我国对美国水产品出口有所减少。据海关统计，2019 年我国对美国水产品出口 45.64 万吨，比 2018 年减少 18.7%；出口额 25.03 亿美元，比 2018 年减少 27.0%。尽管如此，通过积极开拓其他出口渠道，我国水产品出口量额总体上保持稳定。据海关统计，2019 年水产品出口 426.79 万吨，同比减少 1.2%，出口额 206.58 亿美元，同比减少 7.5%。其中，我国对东盟、欧盟等地区出口增长相对显著，出口额同比分别增长 5.7%、5.4%（表 2）。由于进口量额大幅增长，2019 年中国水产品贸易顺差大幅下滑，仅为 19.56 亿美元，同比减少 74.1%。

表 2　2019 年我国水产品主要出口目的地

国家或地区	出口量（万吨）	同比增长（%）	占出口总量比例（%）	出口额（亿美元）	同比增长（%）	占出口总额比例（%）
日本	64.37	5.4	15.1	39.34	−2.9	19.0
东盟	61.78	2.0	14.5	29.28	5.7	14.2
欧盟	60.64	9.1	14.2	26.68	5.4	12.9
美国	45.64	−18.7	10.7	25.03	−27.0	12.1
韩国	51.48	−4.7	12.1	17.41	−8.6	8.4
中国香港	17.56	−4.6	4.1	15.45	−12.4	7.5
中国台湾省	11.96	−16.2	2.8	13.96	−28.2	6.8
加拿大	7.32	9.6	1.7	5.22	4.5	2.5
墨西哥	10.28	−8.6	2.4	4.51	−16.4	2.2
西班牙	10.56	3.3	2.5	4.37	−8.3	2.1
合计	426.70	−1.2	—	206.58	−7.5	—

数据来源：根据海关数据整理。

二、2020 年市场走势预测

（一）水产品总产量或持平略减

随着国内生态环境保护和渔业资源养护力度不断加强，自 2016 年开始我国水产品捕捞产量不断下降，总产量增速逐步放缓。2019 年我国内陆七大流域实现了禁渔期制度全覆盖，提前完成压减海洋捕捞渔船2万艘的目标，捕捞强度进一步降低。根据《长江流域重点水域禁捕和建立补偿制度实施方案》，2020年还将完成长江干流和重要支流除保护区以外水域的渔民退捕，暂定实行10年禁捕。可以预期，捕捞产量还将有所下降。同时，随着水产健康养殖示范场、健康养殖示范县的不断创建和大水面生态增养殖、工厂化循环水养殖、种养结合稻田养殖、海洋牧场立体养殖等健康养殖模式的逐步推广，养殖产品供给将逐渐增加，弥补捕捞产量减少。新冠肺炎疫情给湖北等水产养殖主产区生产、流通带来困难，一些水产品养殖投苗延迟，加之2019年部分大宗淡水鱼价格较低，养殖效益欠佳，将对淡水养殖产量增长带来不利影响。预计淡水养殖产量增长将放缓，水产品产量将与2019年大体持平，或略有下降。

（二）进出口量将有所下降

2017年以来，我国水产品进口量额呈现持续较快增长态势，反映了我国居民食品消费不断升级和市场日益开放的趋势。2020年1月，中美第一阶段经贸协议签署，按照协议2020年、2021年中国应确保在2017年基数之上扩大自美采购和进口制成品、农产品、能源产品和服务不少于2 000亿美元。在农产品方面，2020年中国在2017年基数之上扩大自美采购和进口规模不少于125亿美元，2021年扩大采购和进口规模不少于195亿美元，涉及油料种子、肉类、谷物、棉花、水海产品和其他农产品。据统计，2017年中国自美国进口水产品15.05亿美元，进口量53.29万吨。可以预期，我国水产品进口仍有较大增长空间。但由于新冠肺炎疫情突发并在全球蔓延，国内餐饮消费骤减，国际海运航班减少，运输成本增加，为避免人员聚集，企业经营难以开展，对水产品进口带来不利影响，预计2020年进口量将有所下降。

与进口不同，近年来我国水产品出口徘徊不前，2016—2019年出口量基本保持在430万吨左右，反映了国内渔业要素和资源成本增长以及周边国家渔业发展挤压我国水产品出口的现状。2018年以来，美国对我国输美水产品加征关税，也在一定程度上影响了我国水产品正常出口。中美第一阶段经贸协议签署后，美国承诺将取消部分对华拟加征和已加征的关税，还就尽快解除中国输美水产品自动扣留等作出了积极承诺。尽管如此，疫情发生也对水产品出口带来较大冲击，随着疫情在全球快速蔓延，国外餐饮消费也将下降。国内出口企业开工延迟，客观上不利于出口增长。预计 2020 年水产品出口将有所下降。

（三）水产品价格将小幅上涨，价格波动性或将加大

新冠肺炎疫情在一定程度上扰乱了原有养殖生产、流通和消费规律，一些养殖主产区生产或因疫情出现延迟，部分品种产量或因此有所下降，水产品总供给或略有减少。加之人工成本增长等因素影响，预计水产品价格将小幅上涨。疫情突发初期，由于人员、物资流动遇阻，部分产地出现压塘、滞销的情况，批发市场交易量显著减少，水产品价格总体出现上涨。随着疫情防控形势持续向好，生产生活秩序加快恢复，产销对接不畅的现象明显缓解，市场交易量逐渐增加，价格开始回落。受疫情影响，上半年水产品市场价格波动有所增强，随着疫情影响逐渐消退，价格波动将趋于缓和。预计 2020 年水产品价格将呈现前高后低态势。

三、值得关注的问题

（一）新冠肺炎疫情对水产品产销带来困难

新冠肺炎疫情突发恰逢春节，集中发生在湖北等养殖主产区，给养殖水产品生产、流通和消费均带来一定困难。受疫情影响，部分水产品养殖投苗延迟，生产物资供给面临不足，养殖场开工延迟，雇工成本上升，消费普遍受到抑制，因运输受阻出现产地滞销、流通环节货品积压和销地供给不足等问题，对水产品一二三产业均造成不利影响。

（二）水产品贸易顺差快速大幅收窄

由于进口快速增长和出口增长乏力，2019 年水产品贸易顺差大幅收窄，同比下降超过 70%，未来还将继续收窄，并可能在近两年转为贸易逆差。水产品进口快速增长，满足了国内居民对高品质、多样化水产品的消费需求，补

充了部分品种的供给缺口。但过快过度增长，容易对国内对虾等同类或相近产品生产带来较大冲击，给相关产业发展、调整和转变造成困难。

（三）部分大宗淡水鱼价格下跌，养殖收益受到影响

2019 年淡水鱼价格为每千克 14.08 元，同比下跌 5.5%，价格水平处于 2017 年以来的低位。其中，草鱼、黑鱼等大宗淡水鱼养殖规模较大，市场供给较为宽松，价格下跌明显。2019 年活草鱼、黑鱼批发价同比分别下跌 10.0%、17.2%。由于价格下跌较显著，养殖效益有所下降，影响到养殖户收入增长。

四、有关政策建议

（一）加强产销有序对接，降低疫情对产业的不利影响

在全力防控新冠肺炎疫情的同时，要有序部署饲料、药品、苗种等相关企业复工，加强指导和服务，全力确保产品稳定供给，确保社会稳定。及时研究出台水产养殖的金融和财政支持措施，避免因疫情对养殖、加工产业造成严重影响。严格执行“绿色通道”政策，严禁未经批准擅自设卡拦截、断路阻断交通等违法行为，确保生产资料和产品正常流通。统筹各地水产品供需，借助互联网、电商平台等渠道，组织开展产销对接，有序安排流通上市，逐步消化滞销产品，确保销地供给，避免疫情结束后价格大幅波动对产业的再次冲击。

（二）加强进口监管，拓展出口渠道

加强部门间协作，进一步规范边境贸易，严厉打击水产品走私行为。加强对进口水产品质量监管，确保消费者“舌尖上的安全”。综合生态环境保护和生物资源养护等需要，结合各地实际，鼓励和支持对虾等国内供给缺口较大产品生产。积极拓宽出口渠道，重点关注“一带一路”沿线国家，借助展会、交易会等各种平台，强化对国内水产品的营销推介。进一步整合行业资源，发挥

协会在产业发展、政策协调、贸易谈判等方面的重要作用，步调一致，抱团发展，促进水产品出口。

（三）调整养殖结构，发展绿色特色养殖

随着环境保护和资源养护力度不断加强，水产品供给越来越依靠养殖，并对养殖生产提出了越来越高的要求。要进一步推动渔业供给侧结构性改革，优化养殖结构，引导供给量偏大的大宗品种调减规模，鼓励各地根据资源禀赋养殖特色品种。支持发展生态健康养殖方式，通过水产健康养殖示范场、健康养殖示范县建设，促进渔业转方式调结构，推动高质量发展。

2019年饲料市场形势分析及2020年展望

中国农业科学院农业信息研究所　陶　莎　张　峭　张　晶

2019年受到非洲猪瘟疫情影响，国内养殖结构深度调整，工业饲料产量小幅下降，饲料原料玉米、豆粕价格涨跌互现，主要饲料产品价格与上年持平。饲料原料进口量大幅下降，“一带一路”沿线国家进口量有所增加。预计2020年，工业饲料产量仍呈现下降趋势，饲料产品价格小幅上涨。

一、2019年市场形势回顾

（一）工业饲料产量小幅下降

2019年国内生猪存栏量大幅减少，据国家统计局数据显示，猪肉产量较上年减少21.3%，作为替代消费的肉禽、蛋禽和反刍动物的养殖量则呈现不同比例增加，禽肉、禽蛋、牛肉和羊肉产量分别增长12.3%、5.8%、3.6%和2.6%。全年肉类产量7 649万吨，较上年减少10.2%。在养殖结构深度调整的背景下，工业饲料产量小幅下降。中国饲料工业协会统计数据，2019年国内工业饲料产量为2.29亿吨，较上年减少3.7%。其中生猪和水产饲料产量分别较上年减少26.6%和0.6%，蛋禽、肉禽、反刍动物和水产饲料产量较上年增长9.6%、21.0%、9.0%和0.3%。

从产品类型来看，配合饲料产量占比进一步提升。2019年配合饲料产量为2.10亿吨，较上年减少3.0%；浓缩饲料产量和添加剂预混合料产量分别为1 242万吨和543万吨，较上年减少12.4%和10.6%。配合饲料产量的降幅远低于浓缩饲料和添加剂预混合饲料的降幅，主要原因：一是使用浓缩饲料的养殖户多为防疫能力较差的小养殖户，部分养殖户受疫情影响退出养殖行业；二是养殖户卫生防疫意识提高，使用浓缩饲料需要自配原料带来的疫病风险较大，一些养殖户由浓缩饲料转而使用配合饲料；三是由于“公司+农户”养殖模式逐步普及，饲料由公司统一提供，提高了配合饲料的使用比例。2019 年配合饲料产量占比达到 92%，较上年提高 2 个百分点。

（二）主要饲料原料价格涨跌互现

2019 年主要饲料原料玉米市场批发年度均价连续 2 年上涨，豆粕、鱼粉市场批发年度均价小幅下降，其中豆粕均价为 2008 年以来价格低点，鱼粉均价为近 5 年以来的价格低点。

饲用玉米全年均价为每千克 2.08 元，较上年上涨 2.3%，较 2017 年价格低点上涨 8.8%。2018/2019 年度国内玉米产量较上年减少，受养殖量下降影响，玉米饲用需求下降，市场行情呈现先抑后扬的 V 形走势：1～4 月，养殖终端需求疲软，贸易商收购积极性不高，产区基层粮源销售进度较往年放缓，市场价格逐步回落，4 月全国均价为每千克 2.08 元，较 1 月下跌 2.8%；5～9 月，基层农户手中粮源销售完毕，玉米市场供应以临储玉米拍卖和贸易商库存为主，临储拍卖价格支撑了玉米市场底价，深加工企业采购积极，价格止跌上涨，9 月全国均价涨至每千克 2.13 元，较 4 月价格低点上涨 6.2%；9～12 月，新季玉米陆续上市，价格季节性回落，12 月玉米全国均价降至每千克 2.10 元，年内价格累计上涨 1.7%。

豆粕均价为每千克 3.23 元，较上年下跌 5.5%，为 2008 年以来的最低价格。受中美经贸摩擦的影响，国内豆粕市场出现阶段性供应紧张，全年市场行情呈现跌—涨—跌走势：1～5 月，国内生猪存栏大幅下降，豆粕需求随之走低，5 月均价为每千克 3.05 元，为 2008 年以来最低价。豆粕较菜粕等蛋白原料性价比提升，在饲料中开始替代其他蛋白原料；6～11 月，大豆和菜籽进口减少，豆粕和菜粕供应持续紧张，养殖效益增加带动肉禽和蛋禽存栏量大幅提升，9 月生猪饲料需求触底反弹，豆粕等蛋白原料需求较为旺盛，市场价格稳步上涨，11 月豆粕均价为每千克 3.36 元；12 月，国内大豆进口增加，豆粕供应紧张得到缓解，价格回落至每千克3.32元，年内累计下跌1.6%。

进口鱼粉年度均价为每千克12.03元，较上年下跌4.0%，为近5年内低位。国内鱼粉市场主要依赖进口，其中秘鲁鱼粉占进口量50%以上，秘鲁鱼粉厂商报价主导国内市场变化。2019年秘鲁捕捞状况较好，鱼粉产量较上年增加，厂商报价回落，国内鱼粉市场呈现波动下行的走势：1～4月，秘鲁西北部捕捞季210万吨配额完成顺利，国内鱼粉港口库存持续保持在较高水平，市场供应充足，价格逐步回落，截至4月鱼粉均价每千克11.97元，较1月下跌2.2%，为近54个月内最低价格；5～7月，国内水产养殖启动，鱼粉市场需求增加，价格小幅上涨，截至7月鱼粉均价每千克12.10元，较4月上涨1.1%；8～12月国内鱼粉进口量高于需求量，港口库存保持较高水平，贸易商持货压力较大，鱼粉价格稳步回落，截至12月鱼粉均价为每千克11.83元，较1月下跌3.2%。

（三）饲料产品年度均价与上年持平

2019年主要饲料产品年度均价处于2012年以来第二低位，育肥猪、肉鸡、蛋鸡配合饲料均价分别为每千克3.03元、3.13元、2.86元，与上年基本持平，较2017年价格低点分别上涨0.6%、1.6%和1.9%，较2014年价格高点分别下跌9.6%、8.8%和9.2%。

从月度来看，全年3种主要配合饲料价格均呈现V形变化趋势。1～5月，非洲猪瘟疫情导致饲料需求疲软，饲用玉米和豆粕价格逐步回落，饲料产品价格持续下降，截至5月育肥猪、肉鸡、蛋鸡配合饲料月均价分别为每千克2.97元、3.08元和2.81元，为2012年以来的最低价格；6～12月，大豆、菜籽等压榨原料进口量减少，豆粕等蛋白原料供应紧张，价格止跌回升，玉米市场价格受到临储拍卖支撑走强，饲料原料成本开始上涨，需求端受到养殖利润的刺激，肉禽、蛋禽和反刍动物养殖量增加，带动饲料需求好转，截至12月3种主要配合饲料价格分别为每千克3.08元、3.18元、2.90元，较年内低点分别上涨3.5%、3.2%和3.1%。

（四）主要原料进口较上年下降

据海关数据统计，2019 年主要饲料原料进口 1 817.1 万吨，较上年下降 6.4%。从原料种类来看，能量原料（玉米、高粱、大麦和玉米酒糟）等累计进口 1 169.3 万吨，较上年减少 17.3%；其中玉米进口 479.1 万吨，较上年增长 36.1%，大麦、高粱和玉米酒糟分别进口 592.9 万吨、83.2 万吨和 14.1 万吨，较上年减少 17.0%、76.7%和 4.9%。蛋白原料（豆粕、菜粕、豌豆、葵花粕和鱼粉）累计进口 647.9 万吨，较上年增长 22.9%；其中菜粕和葵花籽粕进口 158.1 万吨和 144.6 万吨，较上年增长 21.6%和 2.7 倍，豆粕、豌豆和鱼粉分别进口 1 万吨、202.3 万吨和 141.9 万吨，较上年减少 58.5%、3.6%和 2.8%。

从进口国别来看，"一带一路"沿线国家进口量和进口品种逐步增加。乌克兰玉米和大麦累计进口 501.2 万吨，占进口能量饲料的 42.9%，较上年提高 19.4 个百分点；葵花籽粕进口 143.9 万吨，较上年增长 2.8 倍，占蛋白粕进口量的 20%。美国饲用原料进口量大幅下降，玉米、高粱和玉米酒糟等累计进口 105.9 万吨，较上年减少 71.2%，占我国能量原粮进口量的 9.1%，较上年下降 15 个百分点。澳大利亚大麦和高粱累计进口 239.5 万吨，较上年减少 48%，进口量占比从上年的 32.5%降至 20.5%，下降 12 个百分点。

二、2020 年市场走势预测

（一）工业饲料产量持续下降

2020 年饲料行业将面临更加复杂的市场形势。非洲猪瘟疫情发生导致国内养殖结构发生较大变化，国家出台一系列政策措施促进生猪养殖恢复，保证国内猪肉供给，2020 年生猪存栏量将稳步增加，但受养殖周期影响，猪饲料需求较 2019 年减少。禽肉、禽蛋产量将超过猪肉产量，禽类养殖成为主要的养殖品种，禽饲料产量占比将超过工业饲料产量 50%。由于禽类养殖为低耗粮品种，禽饲料需求增长幅度小于猪饲料需求减少幅度，预计 2020 年饲料产量持续下降。

（二）饲料产品价格将小幅上涨

主要饲料原料价格将有所上涨。其中玉米市场，2019/2020 年度国内玉米产量持平略涨，国家玉米临储库存剩余 5 000 万吨左右，国内玉米供给量较上年下降；中美贸易谈判达成第一阶段协议，玉米、高粱等能量原料进口将有所增加，玉米进口量仍在配额之内，高粱等进口增幅对国内市场影响有限，预计玉米价格小幅上涨。豆粕市场，2019/2020 年度全球大豆产量回落，其中美国农业部报告显示，美国大豆产量大幅下降，约为 9 600 万吨，较上年减少2 400 万吨，福四通等机构预测巴西大豆产量将达到 1.2 亿吨左右，较上年增加 500 万吨。中美贸易谈判达成第一阶段协议，我国未来将增加美国大豆进口，带动国际大豆市场价格上涨，豆粕价格由弱转强。但随着蛋白原料多元化进口渠道不断开辟，葵花籽粕、棉籽粕、米糠粕和豆粕的进口量增加，国内农产品加工副产品也作为蛋白原料的补充，在一定程度上将减缓市场波动。综合来看，主要原料玉米价格上涨对饲料成本影响较大，预计 2020 年主要饲料产品价格将小幅上涨。

三、值得关注的问题

（一）饲料中无抗生素添加剂将正式实施

无抗养殖是养殖业发展的必然趋势，安全卫生的肉蛋奶产品才能满足消费者日渐提高的消费需求。2020 年我国在饲料中全面推行无抗生素添加剂，自 1 月 1 日起停止除中药以外的促生长类药物饲料添加剂的生产和进口，7 月 1 日起停止生产含有相关药物饲料添加剂的商品饲料，2021 年 7 月 1 日起停止销售含有相关药物饲料添加剂的商品饲料。目前高密度的规模化养殖模式，对抗生素还比较依赖，不添加抗生素可能造成细菌性疾病和共同感染类的患病风险增加，将导致畜禽死亡率升高、增重减缓，造成养殖生产水平下降和成本增加，对生产企业的管理水平提出更高的要求。全面禁止抗生素添加剂需要对饲料、养殖和兽医行业进行全面规范，仅在饲料端禁止抗生素添加，而对养殖企业没有相应的政策法规要求，可能导致养殖企业私自使用抗生素的现象无法控制，背离“禁抗”的初衷。

(二) 蛋白原料供给不确定性风险增加

蛋白原料供应短缺一直是影响我国养殖业发展的制约因素，虽然 2019 年养殖需求回落，但饲料中优质蛋白原料的消费依然旺盛，年需求量仍在 7 000 万吨左右。国产豆粕、菜籽粕、棉籽粕、葵花籽粕、亚麻粕等产量不到 800 万吨，配合饲料产品中添加比例仅占 3%～5%不等。蛋白原料市场呈现豆粕一家独大的局面，豆粕占比约在 85%，基本靠进口大豆压榨，另一主要原料菜粕也以进口菜籽压榨为主。我国大豆进口量占全球大豆贸易量 60%，体量巨大，很难仅靠 1～2 个国家满足进口需求。虽然中美贸易谈判达成第一阶段协议，我国将增加美国大豆进口量，但是蛋白原料供应的不确定和潜在风险依然存在。开辟新的饲料蛋白来源，来缓解我国蛋白原料短缺的局面，稳定市场供应，是目前亟须解决的问题。

(三) 玉米霉菌毒素超标等问题普遍存在

我国玉米普遍存在霉菌、毒素含量较高的问题，国内检测机构对国内黑龙江、吉林、辽宁、河北、河南等 8 个主产省份玉米样本检测后发现，河南、河北两个省的玉米黄曲霉毒素污染严重，东北三省一区的黄曲霉毒素污染水平较低，而 8 个省份玉米样品呕吐毒素都处于较高的污染水平。饲料原料中霉菌毒素超标直接影响到动物生长性能，特别是黄曲霉毒素具有高毒性和致癌性，轻度摄入导致猪采食下降、生长速度减慢，重度则导致育肥猪死亡和母猪流产。此外，黄曲霉毒素还在肉制品中残留，一般的烹饪手段也无法消除，进而危害到人体健康。我国饲用玉米，尤其是猪饲料玉米要求在二等玉米的基础上，黄曲霉毒素、玉米赤霉烯酮以及呕吐毒素等指标均低于《饲用玉米标准》规定的限量。但部分使用自配饲料的养殖户缺乏相关检测设备，无法辨别原料中毒素实际情况，对养殖效率有较大影响。在饲料企业采购端，由于每批次玉米毒素水平不稳定，难以保证达标原料持续供应，即使在国内玉米供应宽裕时，仍需使用进口大麦、高粱来平衡饲料中毒素水平。玉米霉菌毒素较高的问题需要在生产、储存和运输各个环节引起重视。

四、有关政策建议

（一）补贴支持新型生物抗生制剂推广

目前新型的抗生素替代制剂包括抗菌肽、酶制剂、益生菌和中草药植物提取物等，但无论是防治效果还是价格，与抗生素相比都不具有优势。养殖企业若着眼于短期利益，反而在养殖过程中增加兽药的使用量，将使得“禁抗”政策适得其反。在政策执行初期，政府宣传和引导尤为重要，建议对使用替代抗生素生物添加剂的养殖企业予以适当补贴，通过安全卫生的肉蛋奶产品在市场上体现出优质优价，让企业看到实际效果，从而实现无抗养殖的良性循环，“无抗”概念被更多养殖户接受。

（二）鼓励开发新型工业饲料蛋白原料

国内蛋白原料长期以油籽类压榨后产生的粕类为主要原料，诸多农产品加工的副产品饲料转化发展滞后。以马铃薯淀粉加工为例，加工产生的废液富含蛋白质，排放后对环境污染严重，同时也造成资源的浪费。国内科研人员提出对废液进行回收，利用其中的营养物质生产酵母、真菌等单细胞蛋白，可用于畜禽养殖中的蛋白质原料。建议饲料行业主管部门积极扶持新型蛋白原料的发展，加快科技成果转化，促进新型原料成为可持续供应的工业化原料，制定行业标准和产品标准，形成产业规模，有利于国内饲料蛋白原料多元化发展。

（三）建议对饲用玉米和深加工玉米实行定向销售

近几年国内玉米深加工产能发展较快，深加工企业布局主要集中在东北玉米产区。东北玉米以粉质玉米为主，霉菌毒素含量低于国内其他产区，是国内猪饲料玉米的主要粮源地。淀粉深加工也以粉质玉米需求为主，由于使用新季玉米加工淀粉产品产出率高于陈玉米，加工企业倾向于采购当季玉米。未来国内生猪养殖恢复，玉米饲用需求回升，临储玉米库存减少，国内玉米供应将趋于紧张。玉米深加工作为消化临储库存的手段，应避免与养殖争抢优质粮源。建议细化玉米用途，粮食流通部门出台相关规范，将质检环节从饲料企业前移至基层粮库，从收购时即对玉米进行霉菌毒素测定，经检验毒素含量超标的玉米，只能作为工业用粮定向销售，严禁用于饲料加工，在粮源上把控流向，保证优质玉米优先满足饲用需求。

2019 年农资市场形势分析及 2020 年展望

农业农村部农村经济研究中心
龙文军　姜　楠　张　莹　王佳星

2019 年，我国化肥供应总体充足，市场运行较为平稳，为全年粮食丰收奠定了良好基础。由于原料价格弱势运行、企业开工率基本稳定、社会库存相对较多，预计 2020 年化肥供给较为充足，市场价格以稳为主。需要警惕部分时间和部分地区可能出现因集中需肥而产生供不应求、价格波动等情况。

一、2019 年市场形势回顾

（一）化肥供应总体充足

2019 年以来，我国化肥生产较为平稳，市场供应总体充足。据中国化工信息中心数据统计，1～12 月我国化肥产量累计 5 725.9 万吨，同比增长 0.7%；其中，氮肥产量 3 644.4 万吨，同比增长 0.8%；磷肥产量 1 342.1 万吨，同比减少 5.1%；钾肥产量 752.6 万吨，同比增长 13.8%。

（二）化肥价格总体呈下跌态势

根据中国化工信息中心数据，2019 年 1～12 月国产尿素平均出厂价每吨 1 888元，同比下跌 3.8%；国产磷酸二铵平均出厂价每吨 2 479 元，同比下跌 6.3%；氯化钾 60%平均出厂价每吨 2 296 元，同比下跌 0.6%；复合肥平均出厂价每吨 2 201 元，同比下跌 13.1%。化肥价格下跌的主要原因：一是化肥供应充足，市场仍呈供大于求态势。1～12 月全国化肥产量同比增长 0.7%，其中氮肥同比增长 0.8%，钾肥同比增长 13.8%。二是煤炭、硫黄、磷矿石等原料价格持续下跌，成本支撑力度减弱。1～12 月无烟煤主流到厂平均价格 1 046元/吨，同比下跌 16.3%；气化烟煤主流到厂平均价格 750 元/吨，同比下跌 1.7%；30%品位磷矿石平均出厂价格 372 元/吨，同比下跌 18.9%；硫黄平均到岸价格 90 美元/吨，同比下降 34.7%。三是国际市场需求清淡。巴西等化肥采购大国经济形势空前严峻，印度等化肥需求大国库存量处于历史高位，采购需求减弱。2008—2019 年国内化肥市场价格走势见图 1。

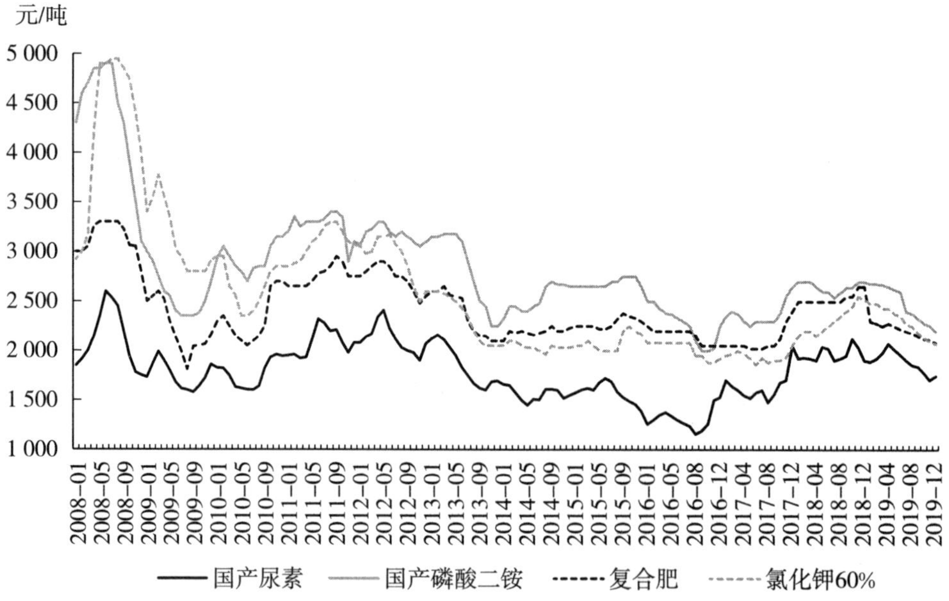

图 1　2008—2019 年国内化肥市场价格走势

数据来源：中国化工信息中心。

（三）化肥进出口明显增加

据海关统计，1～12 月累计，全国进口化肥 1 111 万吨，同比增长 16.5%，进口额 35.2 亿美元，同比增长 29.2%；出口化肥 2 740 万吨，同比增长 13.5%，出口额 72.7 亿美元，同比增 3.3%。其中尿素、复合肥出口明显增加，累计出口量分别为 496 万吨、101 万吨，同比增长 101.2%、173.3%；进口氯化钾

908 万吨，同比增长 21.7%。化肥出口明显增加的主要原因：一是国内外价差进一步缩小；二是化肥所有出口产品关税取消；三是除印度等传统市场外，巴基斯坦、越南、泰国等国际新兴市场采购我国货源增多。

（四）国际市场价格涨跌互现

2019 年 1～12 月波罗的海地区小颗粒散装尿素离岸平均价格为 239 美元/吨，同比下跌 4.8%；美国海湾地区磷酸二铵离岸价格为 348 美元/吨，同比下跌 15.3%；以色列氯化钾离岸价为 279 美元/吨，同比上涨 1.4%；独立国家联合体 48%含量复合肥离岸价格为 293 美元/吨，同比上涨 3.9%。2008—2019 年国际化肥市场价格走势见图 2。

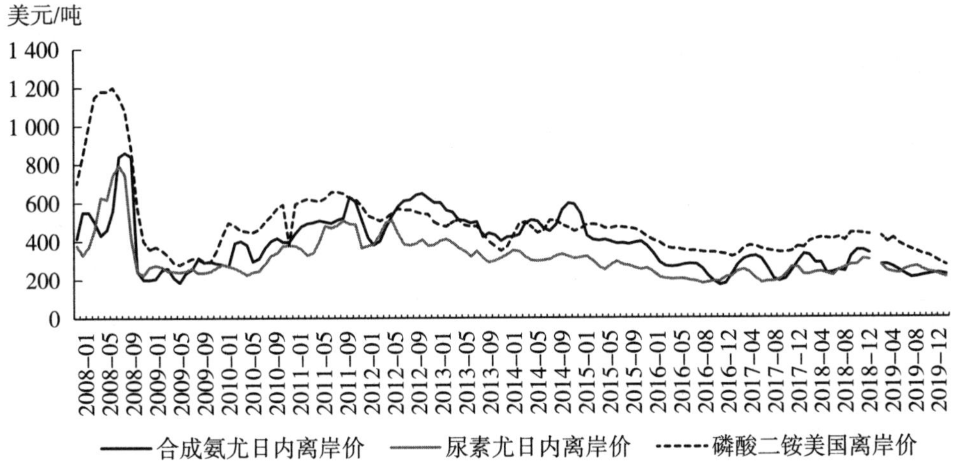

图 2　2008—2019 年国际化肥市场价格走势

二、2020 年市场走势预测

考虑到原料价格弱势运行、企业开工率基本稳定等因素，预计 2020 年化肥生产总体稳定，市场供给较为充足。由于化肥整体供应充足、市场需求偏弱、国际价格低迷，2020 年国内化肥市场价格总体将以稳为主，涨跌幅度预计在 1%～3%。春耕期间受季节性需求、新冠肺炎疫情影响，尿素等部分肥种价格涨幅或将超过 5%。此外，目前基层经销商不储肥已成为常态，需要警惕部分时间和部分地区可能出现因集中需肥而产生的供不应求情况。

三、值得关注的问题

（一）环保限产要求越来越严

生态环境部 2019 年发布了《关于加强重污染天气应对夯实应急减排措施的指导意见》《京津冀及周边地区 2019—2020 年秋冬季大气污染综合治理攻坚行动方案（征求意见稿）》等系列政策文件，对化肥行业环保减排提出了明确要求，如“黄色预警期间固定床气化炉停产 50%，橙色及以上预警期间固定床气化炉全部停产、其余气化炉停产 50%”。根据 2018 年各地预警天数估算，“2＋26”城市、汾渭平原、长三角地区合成氨产量预计减少约 491 万吨，直接影响氮肥减产约 380 万吨（折纯氮），折算尿素减产约 850 万吨。未来需要预防因环保限产引起的局部地区化肥短缺问题。

（二）假冒伪劣产品有所抬头

目前，化肥市场产品类别多、品类杂，特别是复合肥行业进入门槛较低，一些不法分子通过混淆产品包装标识和养分含量标识、制定低于国家标准和刻意规避敏感成分的企业标准等方式，生产销售次等肥料甚至假肥料，不仅干扰了农资市场正常的流通秩序，影响正规企业产品销售，还损害了农民的利益。以硫酸钾为例，目前市场上出现用产品标识自己制定企业标准的情况，比如养分标识写着硫酸钾大于 51%，实际养分含量只有标识的一半，美其名曰是按照企标来执行的，实际上品质下降了，却以正常的硫酸钾价格卖给农户。

（三）尿素期货作用尚未显现

尿素期货于 2019 年 8 月 9 日在郑州商品交易所上市交易。截至 2019 年 12 月底，尿素期货市场运行总体平稳，期、现货价格波动幅度总体较小、变动趋势基本一致，平均偏离度为 1.16%。但由于运行时间较短，期货市场的发现价格功能尚未显现，且参与交易的法人客户中生产企业很少，期货市场服务实体经济的功能有待进一步发挥。

四、有关政策建议

（一）继续稳定和完善国家化肥淡季商业储备制度

我国化肥生产地和使用地跨度很大，用肥时间也较为集中，社会经销商不储肥已成常态，在春耕需求旺季更容易产生运力紧张、发货不畅、市场货源阶段性不足等问题。国家化肥淡季商业储备对农资行业和农民用肥有“压舱石”和“蓄水池”的作用，建议继续稳定和完善国家化肥淡季商业储备制度，合理适度开展储备。

（二）保障安全环保达标企业稳定运行

据气象部门预测，受厄尔尼诺影响，2020年春季气象条件整体偏差。在这种情况下，更要科学开展环保整治，根据具体情况因地施策、因业施策、因企施策。化肥是重要的农业生产资料，为保障2020年春耕用肥供应和价格稳定，建议允许安全环保达标化肥企业在冬季环保治理期间能够正常生产。

（三）加大农资打假力度

各级农业农村、市场监管等部门要继续强化对农资市场的监管力度，严厉打击经营伪劣农资、掺杂使假等不正当竞争和坑农害农行为，净化农资市场环境，恢复市场良性竞争，保护农民合法权益。针对当前市场上企业标准制定、执行中存在的问题，建议政府有关部门出台制度，加强企业标准实施的事前监督。

（四）密切关注尿素期货市场运行情况

截至2019年12月底，尿素期货上市仅有4个多月，市场功能发挥尚不明显，对现货市场的影响程度也不明确，未来需继续关注尿素期货市场运行情况，及时预警应对苗头性、倾向性问题，防范和化解各类潜在风险隐患，保障尿素期货、现货市场平稳运行。

2019 年天然橡胶市场形势分析及 2020 年展望

中国农垦经济发展中心　许灿光　钟　鑫　杨雅娜

据天然橡胶生产国联合会（ANRPC）初步统计，2019 年全球天然橡胶产量 1 376.4 万吨，同比减少 0.7%；消费量 1 370.4 万吨，同比减少 1.0%，供求基本面变化幅度较小，加上国内外主产国库存高企，全球天然橡胶仍处供过于求状态。2019 年天然橡胶市场在低位区间震荡运行。虽然泰国、印度尼西亚、马来西亚 3 个海外主产国已经完成年初达成的 24 万吨减产协议，加上 10 月中旬以来真菌病影响，全年新胶产量下降，但总体上主产国开割面积继续保持增长态势，供给侧支撑作用强劲。同时，国内汽车行业销量持续下滑，中美经贸摩擦影响轮胎出口，需求侧扩张乏力。若无突发情况，预计未来较长一段时间天然橡胶价格仍将低位运行。

一、2019 年市场形势回顾

2019 年，天然橡胶价格较上年窄幅回升，但总体处于低位震荡，其中现货市场环比涨幅未突破 5%，期货市场价格震荡上行但空间有限。第一季度上海、山东全乳胶价格回升至 11 500 元/吨，二季度开始下行，8 月现货市场价格跌至 10 300 元/吨左右。虽然第三季度以来泰国、印度尼西亚等主产国大面积真菌病消息被证实，新胶产量减少，但受到下半年国内外市场价格倒挂影响，国际胶价仍有下行空间，现货市场基本保持低位震荡趋势，价格回弹压力较大。

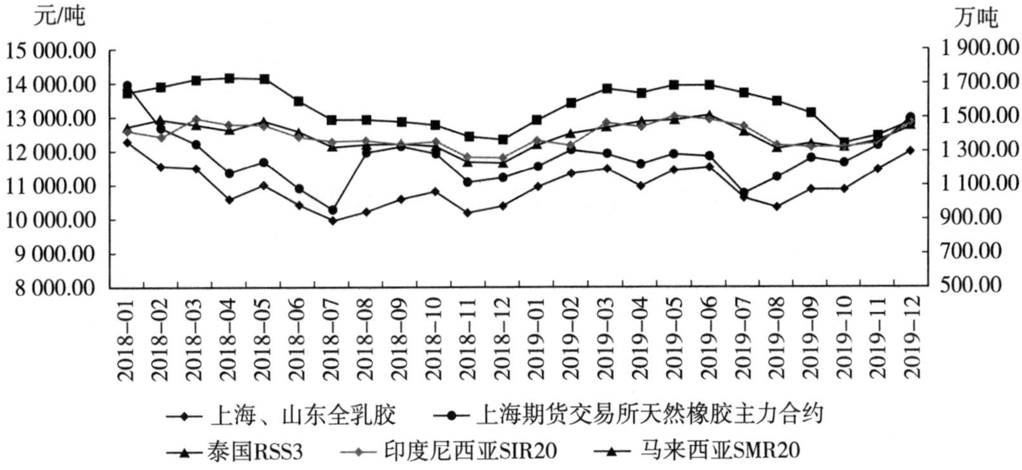

图 1　2018—2019 年天然橡胶期现货市场月度价格走势

数据来源：中国农垦经济发展中心、中国天然橡胶协会。

（一）天然橡胶产量稳中有降，价格低位回升

从供给看，全球天然橡胶仍处于高产期，胶园开割面积稳步提升。国内云南等主产区 5 月持续高温干旱，引发橡胶树大量落叶，导致胶园大面积停割，新胶供给低于 2018 年同期。同时，境外胶园暴发真菌病，从 7 月一直延续到年底，影响范围涉及印度尼西亚、马来西亚和泰国三大主产国。据天然橡胶生产国联合会和橡胶三方委员会预计，2019 年全球橡胶产量同比减少 1%，其中三大主产国约减少 5%，全球新胶供给稳中有降，支撑价格低位回弹。

（二）政策作用效果明显，天然橡胶价格阶段性上涨

上半年，泰国、印度尼西亚和马来西亚三国实施橡胶出口限制措施和季节性影响，国内外天然橡胶价格小幅上涨。4 月，海关总署印发《关税征管司关于明确税则号 4002.8000 项下“混合胶”归类认定的通知》，规范管理该项下“混合胶”产品进口，混合胶进口量减少，带动天然橡胶价格阶段性上涨。1～6 月，我国累计进口混合胶 131.38 万吨，同比减少 4.7%；进口额 18.13 亿美元，同比减少 12.7%。6 月底，国内期货及现货市场月均价分别回升至 11 895 元/吨和 11 599 元/吨，泰国 RSS3 价格达到 1 600 美元/吨。下半年价格回升趋势延续，但受国内外价格倒挂影响涨势放缓。7～12 月，我国累计进口混合

胶 134.80 万吨，同比减少 14.3%；进口额 18.02 亿美元，同比减少 17.0%。12 月，国内期货及现货市场月均价分别为 12 988 元/吨和12 017 元/吨，泰国 RSS3 回落至 1 481 美元/吨。

（三）下游行业拉动不足，天然橡胶价格难以反弹

从下游行业看，汽车市场需求冷淡，需求侧对价格拉升作用不足。汽车工业协会数据显示，截至 2019 年 12 月，国内汽车市场已经连续 18 个月销量同比减少，其中二季度季节性开工淡季，产销量降幅均超过 10%。据统计，2019 年国内汽车产销量分别为 2 572.1 万辆和 2 576.9 万辆，同比减少 7.5% 和 8.2%，产销降幅比上年分别扩大了 3.3 个百分点和 5.4 个百分点。预计 2020 全国汽车销量将进一步下滑 2%。此外，7 月以来中美经贸谈判不确定性加深，下游车企主要以消耗库存为主，补货意向偏弱，进一步抑制天然橡胶价格上涨趋势。

二、2020 年市场走势预测

全球经济贸易形势日益复杂，尤其是 2019 年的中美经贸摩擦，给我国天然橡胶产业带来一定影响，但总体上供需基本面稳定。从供给情况看，海南、云南、泰国、马来西亚等国内外主要产胶区处于高产期，若无极端恶劣天气和严重病虫害影响，供给仍会延续增长态势。从需求情况看，全球双边和多边贸易摩擦时有发生，需密切关注全球政治经济发展中的突发事件和不确定性因素。但考虑到近期中美经贸谈判达成阶段性成果，加上 10 月中旬我国生态环境部等部门下发方案推动国Ⅲ柴油汽车淘汰速度加快，推动下游释放产能需求，若无重大突发事件，预计 2020 年天然橡胶价格将在当前价格基础上小幅回升。

三、值得关注的问题

（一）天然橡胶弃割弃管问题

天然橡胶价格持续低迷，单位面积产值连续多年低于成本价，严重挫伤胶

工割胶积极性。据测算，目前胶园抚管及割胶劳动强度大、收入水平低，导致胶工大量流失，加上现存胶工老龄化严重，胶园弃割弃管问题严重。据不完全统计，2015年以来，被砍伐胶园已超过30万亩，在980多万亩投产胶园中，停停割割胶园超过300万亩，已达投产标准而延迟投产胶园达150万亩，未投产树丢荒弃管率达80%，海南、云南已出现砍胶改种其他作物的情况。

（二）中美经贸摩擦问题

2018年以来，中美经贸摩擦不断升级，虽然两国正式签署第一阶段经贸协议，但政治经济不确定性风险仍然存在，对下游汽车行业和轮胎行业造成不利影响，抑制胶价回升。2019年5月，美国政府对原产自中国的2 000亿美元商品关税税率提升至25%，征税清单中包含了海关编码4001项下全部天然橡胶、4002项下全部合成橡胶、4011项下全部橡胶外胎、4013项下全部橡胶内胎、4015项下全部硫化橡胶衣着用品、4016和4017项下全部橡胶制品，以及2925、2930、2934项下的橡胶硫化促进剂，3812项下的橡胶助剂产品，2921项下的众多化工原料。6月我国国务院发布反制清单中也涵盖了大量橡胶原料及其制品，对相关企业进出口贸易造成较大冲击。

（三）20号胶期货问题

作为国内第四个国际化期货品种，20号胶期货受到业界广泛关注，天然橡胶国际化进一步加快，也带动7～8月天然橡胶价格小幅上涨。但从实际交易和交割情况来看，20号胶期货市场影响效果低于预期，国内原料供应方、期货公司等参与主体仍需密切关注新品种交割细则，创新期现套保模式。

四、有关政策建议

（一）加大胶农的扶持力度

根据《关于建立粮食生产功能区和重要农产品生产保护区的指导意见》，海南、云南、广东等三个国内天然橡胶主产区划定了1 600万亩天然橡胶重要农产品生产保护区，需加强对划定区域内胶农的支持和保护力度。建议进一步推广海南省白沙县“保险＋期货”模式经验，推动主产区价格（收入）保险全覆盖，保护胶农割胶积极性，在胶价持续低迷背景下助力贫困胶农脱贫增收。同时，加快探索和推广更多形式，如成立紧密型合作社、实行统管统销统保等，强化后端服务和管理，提升行业效率，降低国内主产区弃割率。

（二）提升胶园建设管理和服务水平

目前，我国天然橡胶主产区胶工流失和老龄化问题严重，要在提振胶农种植采割信心的基础上提升管理服务水平，推进国家核心胶园和特种胶园建设。一是加大对天然橡胶胶园更新、胶园道路等基础设施的财政经费投入，在生产保护区建成一批稳产高产的天然橡胶园；二是加强割胶机器人研发和应用，逐步降低割胶劳动强度和用工成本；三是加强专业技术培训，提高职工生产科技水平，特别是病虫害防控管理能力和胶园综合管理水平。

（三）深化天然橡胶产业政策研究和引导

近年来国内外胶价持续低迷，不仅影响胶农种胶割胶积极性，也对橡胶行业发展带来不利影响。建议加强产业政策研究，为保障我国天然橡胶战略资源安全底线和红线提供政策支撑；加快探索制定我国天然橡胶市场风险防控机制，引导种植、生产和金融等各环节理性决策，加强天然橡胶国际产能合作与投资引导，提升我国天然橡胶国际话语权和定价权。